Roland Brake
Die Funktion von Selbsterfahrung
im Studium der Sozialen Arbeit

Was nicht fremd ist, findet befremdlich!
Was gewöhnlich ist, findet unerklärlich!
Was da üblich ist, das soll euch erstaunen.
Was die Regel ist, das erkennt als Mißbrauch.
Und wo ihr den Mißbrauch erkannt habt
Da schafft Abhilfe!
(Bertolt Brecht: Die Ausnahme und die Regel, 3-260, 7-12)

Roland Brake

Die Funktion von Selbsterfahrung im Studium der Sozialen Arbeit

Die Deutsche Bibliothek - CIP-Einheitsaufnahme

Brake, Roland:
Die Funktion von Selbsterfahrung im Studium der sozialen Arbeit / Roland Brake. - Lage : Jacobs, 2002
  ISBN 3-89918-103-4

Copyright 2002 by VERLAG HANS JACOBS
Hellweg 72, 32791 Lage, Germany
Druck: WB-Druck

ISBN 3-89918-103-4

Inhaltsverzeichnis

Vorwort 7

0 Einführung 9

1 Hochschule als Gegenstandstand der Forschung in der
Bundesrepublik Deutschland 16
  1.1 Wissenschaft und Forschung 21
  1.2 Die Hochschulforschung im Spannungsfeld von
      Forschung und Lehre 25
  1.3 Die Funktionen der Hochschule 30
  1.4 Bildungsökonomie 37
  1.5 Qualifikationsforschung 41
  1.6 Zusammenfassung 60

2 Die Entwicklung der sozialen Ausbildung 65
  2.1 Das Ausbildungskonzept der Anfänge 67
  2.2 Die Reform 73
  2.3 Die Fachhochschulebene 75
  2.4 Neue und alte Ausbildungsprobleme in der sozialen Arbeit .. 81

3 Anforderungen an den Sozialarbeiter/Sozialpädagogen 83
  3.1 Das Praxisfeld der sozialen Arbeit 87
  3.2 Formale Kompetenz 91
  3.3 Soziale Kompetenz/Beziehungskompetenz 91
  3.4 Emotionale Kompetenz 93

4 Umsetzungsprobleme im beruflichen Handeln der
Sozialarbeiter/Sozialpädagogen 96
  4.1 Theorie-Praxis-Probleme 97
  4.2 Das Burnout als besondere Problemlage in helfenden Berufen 99

5 Kompetenzentwicklung durch Selbsterfahrung 105
  5.1 Gruppendynamik und Sensitivity-Training 106
      5.1.1 Theorie und historischer Hintergrund 106
      5.1.2 Ziele und Methoden 108
  5.2 Der Zugriff der Hochschuldidaktik auf die Gruppendynamik 114
  5.3 Der Stellenwert der Selbsterfahrung im Studium der
      Sozialarbeit/Sozialpädagogik 115
  5.4 Ziele des Sensitivity-Trainings im Hinblick auf die
      Professionalität der Sozialarbeiter/Sozialpädagogen 120

6 Gruppenprogramm zur Selbsterfahrung 122

7 Anmerkungen 133

8 Literaturverzeichnis 155

Vorwort

Mit diesem Buch möchte ich die Bedeutung von Selbsterfahrung im Studium der Sozialen Arbeit verdeutlichen. In meiner eigenen Ausbildung als Sozialpädagoge habe ich diesen wesentlichen Teil Sozialer Arbeit vermisst. Dies musste ich in eigener Weiterbildung und in der Auseinandersetzung mit den Praxisfeldern Sozialer Arbeit nachholen.

Aus diesen Erfahrungen heraus ist es mir ein Anliegen Selbsterfahrung im Studium Sozialer Arbeit zu integrieren. Studenten müssen sich schon sehr frühzeitig mit der Bedeutung der eigenen Person für ihre Klienten und ihr jeweiliges Praxisfeld auseinander setzen. Warum das so ist, versuche ich in der vorliegenden Arbeit zu begründen.

So freut es mich, dass an der Katholischen Fachhochschule Nordrhein-Westfalen, der Hochschule für Soziale Arbeit in NRW, in der Rahmenstudienordnung meinem Anliegen Rechnung getragen wird. Selbsterfahrung ist an dieser Hochschule im 1. Semester für alle Studierenden verpflichtend.

In einem Vorwort ist auch der Platz für Danksagungen:

So möchte ich mich an dieser Stelle bei dem Verwaltungsrat der Katholischen Fachhochschule Nordrhein-Westfalen für die großzügige Übernahme des Druckkostenzuschusses bedanken.

Dank geht auch an die Studierenden, die mir durch ihre Reaktionen in Selbsterfahrungsgruppen wichtige Impulse zur inhaltlichen Gestaltung dieses Buches gaben.

Ein letzter Dank geht an meine Familie, die mir die nötige Ruhe zum Schreiben dieses Buches gab.

Es gehört ganz vorzüglich zu der Pflicht des Erziehers, über diejenige Lage, worin sein Zögling wahrscheinlicherweise künftig kommen wird, nachzudenken, und reiflich zu erwägen, welche Körper- und Seelenfertigkeiten ihm in dieser Lage unentbehrlich sein würden, um danach die Gegenstände auszuwählen, an denen die auszubildenden Kräfte desselben geübt werden müssen."

J. H. Campe
1790[1]

0 Einführung

In dieser Arbeit wird der Begriff Sozialpädagogik in einem auch die Sozialarbeit umfassenden Sinn verwendet. In Stellenausschreibungen werden ohnehin zunehmend beide Bezeichnungen für das Berufsfeld sozialer Arbeit gebraucht. Unterscheidungen der scheinbar differenten Berufsbilder lassen sich ohnehin fast ausschließlich historisch begründen. Der Inhalt dieser Arbeit gilt somit sowohl für Sozialarbeiter als auch für Sozialpädagogen, so dass auch meistens beide Begriffe gemeinsam verwendet werden.

Seit dem Beginn der 70er Jahre werden in der Bundesrepublik Deutschland Sozialpädagogen und Sozialarbeiter an Fachhochschulen ausgebildet. Die Liste der Anregungen, Vorschläge und kritischen Anmerkungen, die sich mit der Aufgabe und den Funktionen von Fachhochschulen für Sozialpädagogik/Sozialarbeit auseinander setzen, ist sehr umfangreich. Deutlich weniger Raum nehmen Forschungsprojekte ein, die sich mit der Ausbildung der Sozialpädagogen und Sozialarbeiter beschäftigen. In dem abschlussbericht des Forschungsprojektes "Praxisorientierung der Fachhochschulausbildung zum Sozialarbeiter/Sozialpädagogen" beklagen die Verfasser den Mangel an Forschungsprojekten, die sich mit der Ausbildung von Sozialarbeitern und Sozialpädagogen befassen.[2]

Rohde bezeichnet die Thematik der Ausbildung von Sozialpädagogen und Sozialarbeitern als "Verlierer" unter den thematischen Schwerpunkten der Fachöffentlichkeit.[3] Innerhalb der Ausbildung von Sozialarbeitern/Sozialpädagogen wird die Frage nach der Ausbildung adäquater Fähigkeiten dennoch lebhaft diskutiert.

Welche praxisorientierten Handlungskompetenzen und welche theoretischen Erklärungsansätze machen einen "guten" Sozialpädagogen aus?

Es ist die Aufgabe der Fachhochschule, auf berufliche Tätigkeiten vorzubereiten. Die Anwendung wissenschaftlicher Erkenntnisse soll in der Ausbildung vollzogen werden wie auch in der späteren Berufspraxis der Absolventen.[4] Das allgemeine Studienziel der Studiengänge Sozialpädagogik/Sozialarbeit ist der Erwerb von Handlungskompetenz auf der Grundlage von wissenschaftlichen Erkenntnissen und berufsspezifischen Methoden. In verschiedenen Untersuchungen wird hingegen deutlich, dass diese Zielsetzung in der Ausbildung nicht oder nur unvollkommen erreicht wird.

Diese Untersuchungen zeigen, in welchem Maß und in welcher Weise die derzeitige Ausbildung an Fachhochschulen verbesserungsbedürftig ist.

So weist Klüsche[5] in einer Erhebung nach, dass von 296 befragten Sozialarbeitern/Sozialpädagogen nur 33,1% zufrieden bzw. sehr zufrieden mit ihrem absolvierten Studium sind.

Weiterhin stellt er fest, dass sich nur 30% der Befragten hinreichend auf ihre Praxistätigkeit vorbereitet fühlen.

Aus einer Darstellung der Ausbildung von Sozialarbeitern/Sozialpädagogen, die zu ähnlichen Ergebnissen wie Klüsche kommt, werden von den betroffenen Studenten (auf dem Hintergrund ihrer Studien und Praxiserfahrung) Vorschläge zur Verbesserung der Ausbildung abgeleitet.[6]

Insbesondere wird dort gefordert:

- Eine Verbesserung der Studieninhalte
- Interdisziplinarität der Ausbildung sowie Teilhabe an der curricularen Entwicklung
- Persönlichkeitsentwicklung sowie der Aufbau und die Erweiterung von Kommunikations- und Handlungskompetenzen
- Studienbegleitende Selbsterfahrungsgruppen.

Diese Antworten zeigen also den Wunsch nach Persönlichkeitsbildung. Eine intensivere Ausbildung kommunikativer Kompetenzen und der Aufbau von Selbsterfahrungsgruppen wird gefordert.

Da der Wunsch nach Persönlichkeitsbildung schon zu Beginn der Ausbildung geäußert wird, kann davon ausgegangen werden, dass neben der beruflichen Qualifikation personenbezogene Sozialisationshilfen erwartet werden.

Innerhalb eines Gesamtspektrums von Kompetenzen fragen Stellenanbieter am häufigsten nach solchen Kompetenzen, die man als Persönlichkeitsmerkmale bezeichnen kann[7] etwa: Teamfähigkeit, Verschwiegenheit, Kontaktfähigkeit, Selbständigkeit, Durchsetzungsvermögen, Fingerspitzengefühl, Gewissenhaftigkeit, Charakterfestigkeit und Selbstkritik.[8]

Zum einen zeigen diese Erwartungen von seiten der Berufspraxis den hohen Stellenwert der geforderten Kompetenzen. Zugleich können sie den Fachhochschulen Hinweise auf eine Intensivierung von Studieninhalten im Bereich der Persönlichkeitsbildung geben. Gleichlautende Forderungen der Studierenden unterstreichen die Notwendigkeit, die Studieninhalte anzupassen.

Die Ausbildung der Sozialpädagogen und Sozialarbeiter muss so strukturiert sein, dass sie ihren Zielen, Arbeitsformen und den in der Praxis verfolgten Ansprüchen (wie z. B. Hilfe zur Selbsthilfe und Hilfen zur Persönlichkeitsentwicklung) weitgehend entspricht.

Die Problematik zentriert sich in der Fragestellung: Menschliches Verständnis, persönliche Sicherheit, Lebenserfahrung, Urteils- und Durchsetzungsvermögen - in welchem Fach kann man das lernen?

Wenn der Bereich "Menschlichkeit", Standfestigkeit, Allroundkompetenz und Autonomie an der Hochschule vermittelt werden soll, dann muss sich die Fachhochschule als Sozialisationsinstanz verstehen und die Persönlichkeitsbildung zu ihrem Bildungsanliegen machen. In diesem Zusammenhang soll von Kompetenzen gesprochen werden, die der Sozialarbeiter/Sozialpädagoge zur Berufsausübung benötigt. Für den Bereich der Persönlichkeitsbildung ist die emotionale, die soziale- und die Beziehungskompetenz gemeint.

Soziale Kompetenz, emotionale Kompetenz und Beziehungskompetenz entstehen zum überwiegenden Teil aus Erfahrungen. Lernen geschieht dann in dem Maß, wie die Erfahrungen von dem, der sie macht, ausgewertet werden können. Das bedeutet auch die Integration und den Transfer gemachter Erfahrungen in die individuelle Lebensrealität.

Die Konsequenz daraus: Lernen ist das Einüben von Beziehungsarbeit und von sozialer und emotionaler Kompetenz im Wechselspiel mit eigener Erfahrung und Auswertung dieser Erfahrung.

Dies gilt besonders für das emotional anstrengende Feld der Beziehungsarbeit von Sozialpädagogen und Sozialarbeitern.

Zwei Merkmale sozialer Arbeit lassen sich hieraus ableiten:

- Die Persönlichkeit des Sozialpädagogen/Sozialarbeiters
- Die Ausprägung von Grundhaltungen im Hinblick auf die instrumentellen Fertigkeiten des Sozialpädagogen/Sozialarbeiters.

Die Verquickung der instrumentellen Fertigkeiten mit den Grundhaltungen ist die Basis des sozialen Handelns. Eine rein technologische Handhabung ist undenkbar. An den gegensätzlichen Modellen einer altruistisch und einer ingenieurhaft orientierten Professionalisierung lässt sich dies verdeutlichen.

Erstens: Im

"traditionellen altruistischen Professionsmodell dominieren Weisheit, Ganzheitsschau, Erfahrung, Motivation, Spontaneität, Identifikation vor systematisiertem Wissen, wissenschaftlicher Erkenntnis, Detailanalyse, rationaler Durchdringung, Prävention, Prognose, Planung und Distanz"[9]

Gildemeister[10] sieht hierbei die Gefahr, dass systematische Analysen zu Konstitutionsbedingungen sozialer Probleme weitgehend ausgeblendet werden zugunsten eines fallbezogenen Erfahrungswissens. Hierbei werden tendenziös sozialethische und normative Maximen an die Stelle theoretischer Bemühungen gesetzt.

Beim sozialtechnisch ("ingenieurhaft") orientierten Professionalisierungstyp ist in erster Linie charakteristisch das "Umschalten" von Altruismus auf Kognition, Fortschritt und Verwissenschaftlichung.

Zweitens: Und

"...damit wird Hilfe in nie zuvor bekannter Weise eine zuverlässig erwartbare Leistung eines dafür geschaffenen Sozialsystems mit einer spezifischen Rationalität, die im wesentlichen eine technische ist."[11]

Zur sozialtechnischen Seite der Professionalisierung (z. B. der Entwicklung methodisch-praktischer Skills) kommt auch immer eine hermeneutische Seite der Professionalität hinzu, die auf Verstehen sowie auf die helfende Beziehung zwischen Fachmann und Klient abzielt. Das verleiht der Sozialpädagogik/Sozialarbeit eine von anderen Berufen abgrenzbare fachliche Eigenständigkeit und hebt sie somit aus der alltäglichen mitmenschlichen Hilfstätigkeit heraus.

[Marginalie: Verstehen von Sinnzusammenhängen]

Die Grenzen der Ausrichtung purer sozialbürokratischer Hilfen zeigen sich zum Beispiel dort, wo die Selbsthilfe der Betroffenen mit dem bürokratischen Hilfesystem kollidiert.

So handelt der Sozialpädagoge und Sozialarbeiter zwar auf der Grundlage eines auf Kognition und Rationalität basierenden Wissens, doch ist seine hermeneutische Fähigkeit das Mittel, mit dem diese Grundlage problemorientiert angewendet werden kann.

> Das Ziel ist, Bewusstsein im Sinne von ganzheitlicher Erfahrung zu erreichen. Das bedeutet, dass sich Kognition und Emotion im Erfahrungsgegenstand vereinen.

Eine der Möglichkeiten, diese "lebenslagen- und lebensweltbezogene Professionalität"[12] zu erreichen, bietet der Einbezug von Selbsterfahrung als Sensitivity Training in Seminaren.

In diesem Sinne umfasst Selbsterfahrung eine spezielle Form, die man auch "Psychotherapie für Gesunde"[13] nennen kann.

Das heißt, dass Selbsterfahrungsgruppen nicht aus einem Krankheitsverständnis heraus gebildet werden. Selbsterfahrung soll in erster Linie zu einer Verbesserung der beruflichen Kompetenz von Sozialpädagogen und Sozialarbeitern führen.

Es sind Lernwege zu entwickeln, die die Kompetenzentwicklung im sozialen und emotionalen Bereich der Sozialpädagogen und Sozialarbeiter unterstützen.

Fittkau und Schulz von Thun[14] beschreiben drei Lernebenen :

1. Die kognitive Ebene des Lernens; Informationsvermittlung, rationale Auseinandersetzung,

2. die pragmatische Ebene des Lernens: Einübung von Methoden, Verhaltenstraining, Verhaltenssicherheit,

3. die emotionale Ebene des Lernens: Selbsterfahrung, direkte emotionale Betroffenheit, eigenes Erfahren.

Die kognitive Ebene des Lernens, Informationsvermittlung und die rationale Auseinandersetzung mit Lerninhalten, wird in Seminaren und Vorlesungen in der Regel ausreichend vermittelt. Wobei sich auch hier die Frage stellt, inwieweit die Vermittlung kognitiver Inhalte nicht jeweils auch mit Erfahrungslernen gekoppelt werden kann.

Die pragmatische und die emotionale Ebene sollten in der Ausbildung verstärkt Beachtung finden.

Die vorliegende Arbeit greift diese Forderung auf und soll dabei folgende Fragestellung behandeln:

- Welche Bedeutung hat die Selbsterfahrung bei Sozialarbeitern/Sozialpädagogen für die praktische Arbeit?
- Ist durch den Einsatz von Sensitivity Training in Lehrveranstaltungen innerhalb des Sozialen Arbeit eine Förderung von emotionaler -, sozialer - und Beziehungskompetenz zu erreichen?

Im 1. Kapitel wird der Rahmen skizziert, in den meine Überlegungen eingebettet sind. Die Hochschule wird als Forschungsgegenstand vorgestellt, um im Anschluss relevante Teilbereiche der Forschung aufzuzeigen.

Anschließend werden Anfänge der sozialen Ausbildung und die Entstehung des Studienganges Sozialpädagogik/Sozialarbeit aufgezeigt (Kapitel 2), um schon im Ansatz zu verdeutlichen, dass seit der Gründung sozialer Frauenschulen die soziale Arbeit ein Konfliktpotential mit sich trägt (Kapitel 2.1), das bis heute Auswirkungen auf die Berufsidentität von Sozialpädagogen/Sozialarbeitern und ihre Kompetenzentwicklung hat (Kapitel 2.2 - 2.4).

In einem weiteren Schritt werden die Anforderungen an Sozialpädagogen und Sozialarbeiter beschrieben und problematisiert (Kapitel 3), um die Kompetenzen, die sie für die soziale Arbeit benötigen, zu präzisieren (Kapitel 3.2 - 3.4). Es wird davon ausgegangen, dass hochschuldidaktisch die Vermittlung kognitiver Inhalte weniger Probleme aufwirft. Da diese Vermittlungsprozesse auch ausreichend erforscht werden, liegt der Schwerpunkt meiner Arbeit in der Untersuchung der Vermittelbarkeit von emotionaler -, sozialer - und Beziehungskompetenz.

Anschließend werden die Umsetzungsprobleme im beruflichen Handeln der Sozialarbeiter/Sozialpädagogen aufgezeigt (Kapitel 4) und am Problem des Burnout (Kapitel 4.2.) in sozialen Berufen wird die (Neu-) Bestimmung dieser Kompetenzen konkretisiert.

Daran schließt sich die Verbindung von Selbsterfahrung durch Sensitivity Training zur Kompetenzenwicklung bei Sozialpädagogen/Sozialarbeitern (als eine didaktisch/methodische Möglichkeit der Vermittlung von Kompetenzen im Studiengang Sozialwesen) an (Kapitel 5).

Das 6. Kapitel macht einen Vorschlag zur Gestaltung einer Selbsterfahrungseineheit für Studierende Sozialer Arbeit.

1 Hochschule als Gegenstand der Forschung in der Bundesrepublik Deutschland

Obwohl die Hochschulen seit den sechziger Jahren das Forschungsinteresse der Human- und Sozialwissenschaften hervorgerufen haben, ist Hochschulforschung (das heißt Forschung über Hochschulen) ein relativ weißes Feld auf der Landkarte sozialwissenschaftlicher Forschungsaktivitäten.[15]

Dennoch ist diese Aussage zu relativieren, da Hochschulforschung nicht erst seit den sechziger Jahren dieses Jahrhunderts betrieben wird. Hochschulen waren immer schon, wenn auch nicht kontinuierlich und theoretisch fundiert, seit ihren Anfängen Objekte wissenschaftlicher Beschäftigung und Auseinandersetzung.

Over[16] weist zu Recht auf die systematische Forschungsarbeit hin, die sich mit:

- dem Prozess wissenschaftlicher Produktion und Reproduktion,
- der Geschichte,
- der Funktion als Ausbildungsinstitution und
- den Organisationsproblemen

beschäftigt.

Nicht zuletzt wurde Hochschulforschung auch durch die Humboldtsche Universitätsreform 1809/1810 in Gang gesetzt. Als Beispiele hierfür werden die Arbeiten von Fichte, Schleiermacher, Denifle, Kaufmann und Paulsen sowie Plessner genannt.[17]

Heute ist die Anzahl der Veröffentlichungen über Hochschulforschung vielfältig und nur schwer überschaubar.[18]

In der deutschsprachigen Literatur sind folgende Kategorien der Hochschulforschung erkennbar:

- hochschulpolitische Veröffentlichungen zur Hochschul- und Studienreform,

- Denkschriften, Gutachten, Programme und Empfehlungen zur Hochschulreform, die verbunden sind mit systematischen, punktuellen oder kontinuierlichen Bestandsaufnahmen zur Situation der Hochschulen,

- kulturphilosophische oder bildungstheoretische Artikel, Festreden und Aufsätze zur Idee, Aufgabe, Geschichte oder Zukunft der Universität,

- geschichtliche und kulturgeschichtliche Darstellungen der Universität,

- soziologische Analysen und Deutungen historischen Materials, statistischer Daten und empirischer Umfrageergebnisse im Hinblick auf die gesellschaftlichen Bedingungen und Funktionen des Hochschulwesens und

- systematische und theoretisch fundierte empirische Untersuchungen zur Soziologie der Hochschule, der Dozenten und Studenten, zur Sozialisation und zu Unterrichts- und Lernprozessen in der Hochschule und zu den Beziehungen zwischen der Hochschulausbildung und dem Beschäftigungssystem.

Die Gemeinsamkeit der Arbeiten ist der Bezug auf den Objektbereich Hochschule.

Das heißt, dass Hochschulforschung sich mit Forschungsbereichen auseinander setzt, die durch das Untersuchungsobjekt, nicht jedoch durch Konzeptionen und Methoden der Wissenschaft bestimmt werden.

Fünf Objektbereiche der Forschung werden als die wichtigsten angesehen:

a) Untersuchungen zum Arbeitsmarkt und zur Berufstätigkeit von Hochschulabsolventen,

b) Studien über Hochschulplanung und Hochschulpolitik sowie über die Rolle des Staates,

c) Studien über die strukturelle Entwicklung des Hochschulwesens,

d) Untersuchungen über Lehre und Studium,

e) Studien über die Fort- und Weiterbildung an Hochschulen und das berufsbegleitende Studium.

Demographic: Untersuchung + Beschreibung von Zustand und zahlenmäßiger Veränderung einer Bevölkerung

18

zu a)

Dieser Bereich lässt sich in drei Teilbereiche aufgliedern:

1. Bedarfsprognostische Forschungsanalysen über Wirtschaft, Arbeitsmarkt, Bildungsinstitutionsbesuch, demographische Trends, Modellrechnungen zu Projekten und Planungsaufgaben

Diese Untersuchungen waren von Ende der sechziger bis Mitte der siebziger Jahre die auffälligste Form der Forschung über Hochschule und Beruf.

2. Studien über den Berufsverlauf und die Berufstätigkeit von Hochschulabsolventen,

Die meisten der (in großer Zahl vorliegenden) Studien behandeln überwiegend auf empirischer Basis von Absolventenbefragungen zugleich Themen des Arbeitsmarktes, des Karriereverlaufs, der Qualifikationen und deren Verwendung sowie Themen des beruflichen Selbstverständnisses.

3. Studien zu einzelnen Aspekten der Tätigkeit und Berufssituation von Hochschulabsolventen, etwa die Rekrutierung von Absolventen, Arbeitslosigkeit, spezielle Aspekte in der ersten Berufsphase, Einstellungen zur Arbeit, Gesellschaft und Politik, Probleme von Hochschulabsolventen in atypischen Berufssituationen, Intensivanalysen über die Arbeitstätigkeit,

In Vorgehensweise und Konzeptionen bestehen hier meist sehr enge Berührungen mit den zuvor genannten Absolventenstudien.

zu b)

Diese Studien beschäftigen sich allgemein mit der Problematik der quantitativen und institutionellen Steuerung der Hochschule durch Politik und Staat.

Weitere Fragestellungen sind

- Wie fördern veränderte Bildungsangbote die wirtschaftliche Entwicklung?

- Wie können bildungspolitische Ziele mit wirtschaftlichen Bedarfsaspekten verknüpft werden?
- In welcher Weise kann und soll die Ausbildung von Anforderungen des Beschäftigungssystems entkoppelt werden?

Alle diese Studien müssen mit Prognosen operieren, wobei diese Prognosen insgesamt gesehen unsicher sind.

zu c)

Ausgehend von der Frage des Verhältnisses von Hochschule und Beruf beleuchten diese Studien die quantitative Entwicklung der Hochschulen und der verschiedenen Hochschultypen.

zu d)

Im Rahmen curricularer und hochschuldidaktischer Forschung befassen sich diese Studien mit den Effekten von besonderen Formen einer stärkeren Praxisorientierung des Studiums (zum Beispiel Praxissemester, berufspraktische Studien, Projektstudium).

In der Hochschulforschung werden die Funktion der Berufsvorbereitung und die Zuteilung von Sozialchancen als wichtige Aspekte angesehen und von unterschiedlichen Standpunkten aus betrachtet.

Aktuelle Entwicklungen, wie zum Beispiel der Abbau von Hochschulen, Studienreformkonzepte und erschwerte Arbeitsmarktprobleme, haben in den letzten Jahren Hochschulforschung immer stärker zur Forschung über Hochschule und Beruf gemacht.

zu e)

Diese Studien sind ein relativ neues Gebiet der Forschung über Hochschule und Beruf.

Im Vergleich zur Forschung über Hochschule und Beruf in Amerika haben in der Bundesrepublik Deutschland drei Themenbereiche eine weniger wichtige Rolle gespielt:

> Untersuchungen über "returns" des Hochschulbesuchs in Form von Einkommen, Verzinsung der Investitionen, die auf der Basis des Human-Kapital-Ansatzes in vielen Ländern große Verbreitung fanden, fehlen in der Bundesrepublik Deutschland fast völlig. Nur wenige Studien über das Verhältnis von Studium und Einkommen sind zu nennen.[19]
>
> Der Zusammenhang von Hochschule und sozialer Mobilität ist nur begrenzt empirisch untersucht worden. Das heißt, komplexere Fragen des Zusammenhangs von Herkunft, Bildung und beruflichem Verbleib wurden nur in wenigen Studien aufgegriffen.[20]
>
> Außerberufliche Wirkungen des Studiums- allgemeinbildende Ergebnisse, Veränderungen von Werthaltungen- sind kaum im Zusammenhang mit dem Berufsverbleib untersucht worden.[21]

Zusammenfassend kann gesagt werden, dass die Hochschulforschung sowohl im nationalen als auch im internationalen Bereich Unterschiede aufweist. Die Problemsichten unterscheiden sich beträchtlich. Von einer zusammenhängenden Theorie der Hochschule kann nicht gesprochen werden.

Die Frage nach der gesellschaftlichen Funktion der Hochschule ist seit Jahren ein zentrales Thema gesellschaftstheoretischer, bildungsökonomischer- und -soziologischer sowie politologischer Analysen. Es wird hier die Funktion des Hochschulsystems problematisiert.

Der Praxisbezug, der Wissenschaftsbezug und der Personenbezug machen das Spannungsfeld aus, in dem sich jeder hochschuldidaktische Entwurf zur Theorie und Praxis der Bildung und Ausbildung an der Hochschule bewegt. Gemeint ist hiermit:

- Die Beziehung zum Beschäftigungssystem, zur künftigen Berufswelt, zur Bildungsökonomie, zur Arbeitsmarkt- und Berufsforschung sowie die Qualifikationsforschung, soweit sie auf Akademiker bezogen ist,

- die Beziehung der Hochschule zum Wissenschaftssystem,

- die Bezugnahme der Hochschule auf die Person und auf die Hochschulsozialisationsforschung.[22]

Auf die besondere Problematik von Hochschulforschung im Spannungsfeld von Forschung und Lehre, werde ich im Kapitel 1.2 eingehen.

1.1 Wissenschaft und Forschung

Die Universitäten befinden sich in einer Krise, die sie in ihren Grundlagen in Frage stellt und sie zwingt, ihre Aufgaben und Ziele selbstkritisch neu zu bestimmen, soweit nicht vom Staat unter dem Druck gesellschaftlicher Kräfte über sie bestimmt wird. Diese Aussage ist nicht neu, aber nach wie vor aktuell, gerade auch unter dem Aspekt einer wirtschaftlichen Rezession, von der nicht zuletzt die Hochschulen in allen ihren Teilbereichen mitbetroffen sind. Durch bildungspolitische Maßnahmen wird diese Misere in Zukunft die Hochschulen und Fachhochschulen weiter in einen unteren Rang innerhalb des europäischen Wettbewerbs verweisen.

Folgende Ursachen werden für diese Krise genannt:

- Die Universitäten werden seit Beginn der siebziger Jahre von Studenten überflutet. Der für die Mitte der achtziger Jahre prognostizierte Rückgang der Studentenzahlen ist bisher nicht eingetreten. So führt der immense Anstieg der Studentenzahlen zur Entwicklung einer Massenuniversität.

- Die Hochschulen befinden sich durch veränderte gesellschaftliche Rahmenbedingungen inhaltlich und organisatorisch im Rückstand (und dadurch sind sie zu ihrer organisatorischen Umgestaltung gezwungen).

- Wissenschaft gerät unter einen zunehmenden wirtschaftlichen Legitimationsdruck. Dieser Legitimationsdruck gerät in Kollision mit dem universitären Anspruch auf die Freiheit der Wissenschaft.

Mit der Erhöhung der Ausgaben für das Bildungswesen wuchs die politische Kontrolle über das Bildungswesen. Manche vor Ort vorangetriebenen

Ansätze zur Veränderung der Arbeitsbedingungen in der Hochschule erstickten in dem immer enger werdenden Netz von Verrechtlichung und administrativen Vorschriften. Der Prozess der Industrialisierung und Bürokratisierung von Forschung hat die Idee und Organisation der deutschen bürgerlichen Universität endgültig aufgelöst.

Auch die modernen Formeln neuer Steuerungsmittel als Problemlöungsversuche verschärfen diesen Zustand noch.

Die Veränderungen der Universität werden deutlich in der Zunahme der wissenschaftlichen Disziplinen und der Erweiterung der Funktion der Universität. Die Universität entwickelt sich zur Multiversität.

Innerhalb der einzelnen Fachdisziplinen besteht die Gefahr, Inhalte, Methoden und Ergebnisse der Forschung isoliert zu betrachten. Den so sozialisierten Wissenschaftlern fehlt die gemeinsame Sprache, um sich über Fachgrenzen hinweg in einen Dialog zu begeben.

Der Bedeutungsverlust der unabhängigen Einzelforschung und die Politisierung der Forschung führten darüber hinaus zu Auflösungstendenzen der ursprünglichen Funktion von Hochschulen.[23]

Die entscheidende Gefährdung der Universitäten liegt aber im Verlust ihres Selbstbewusstseins, in ihrer seit Jahrzehnten anhaltenden Schwäche an wissenschaftlich begründeter Selbstreflexion und Kommunikation.[24]

Forschung und Lehre gehören in der Wissenschaft zusammen und die Universitäten sind durch diese Doppelaufgabe charakterisiert. Aus diesem Gesichtspunkt heraus wäre die Aufgabe der Hochschule Erziehung. Dies entspräche dem Humboldtschen Terminus "Bildung durch Wissenschaft".

Die Einheit von Forschung und Lehre ist zunächst das Mittel ihrer personellen Reproduktion. Diese Definition der Einheit von Forschung und Lehre wird aufgeweicht durch die Dominanz der puren Berufsausbildung in den "Massenfächern".[25]

Dahrendorf[26] ist Verfechter der Theorie, dass die Universität als autonome Stätte der Forschung und Lehre aus eigener Kraft alle Probleme und inneren Störungen lösen muss. Er argumentiert in folgender Weise: Gegen Störungen helfen keine staatlich verordneten Regeln. Die Fremdbestimmung durch politische Instanzen begrenzt die Autonomie der Universitäten auf Dauer. Die Rolle der Ministerien bei Berufungen, bei der Planung, der Schaffung wissenschaftlicher Einrichtungen, der Ernennung des Kanzlers, dem Erlass von Studienordnungen und anderem mehr begrenzen die Autonomie der Hochschulen. Universitäten brauchen nicht Gesetze, sondern eine Zeit der Eigenentwicklung, wie sehr auch manche Begleiterscheinung manchen stören oder ärgern mag. dass die deutsche Universität nur in begrenztem Maße autonom ist, ist ein Zeichen von Schwäche. Dies hat möglicherweise die Auswanderung der Forschung in die Max-Planck-Gesellschaft begründet. Die deutsche Universität besteht durch den Staat. Ihr Dasein ist politisch abhängig. Wenn der Staat sein langfristiges Interesse begreift, wird er ihre Stellung sichern sowohl vor seinen wechselnden Mehrheiten wie auch vor seinen eigenen bleibenden Herrschaftsansprüchen. Das ist der Weg zur Sicherung akademischer Freiheit. Die Universität ermöglicht sich selbst, und der Schutz liegt in ihrem korporativen Selbstbewusstsein.

Überall stellt sich das Problem, wie sich die Universitäten den gesellschaftlichen und politischen Bewegungen öffnen und zugleich kritische Distanz zu ihnen halten können. Die Balance zwischen Öffnung und kritischer Distanz zu wahren böte der Universität die Möglichkeit, ihre Eigenständigkeit zu festigen und gleichzeitig der Überbetonung von Praxisbezug und Berufsorientierung zu begegnen. Die Universitäten sollen Generalisten ausbilden. Sinnzusammenhänge sollen erfasst und kritisch durchdacht werden, und dadurch sollen die Studenten befähigt werden, in ihren künftigen Berufen neue Situationen selbständig zu bewältigen. Spezialisierung und Professionalisierung sollte die Universität einer späteren Ausbildungsstufe überlassen[27], bei der sie Hilfestellung leisten, für die sie aber nicht die volle Verantwortung übernehmen kann.[28]

Die Aufgabe der Hochschule ist die Veranstaltung von Wissenschaft, die sich auf auf Forschung, Lehre und Studium gleichermaßen erstreckt. Dies beinhaltet die Vorbereitung auf Berufe, die einer wissenschaftlichen Vorbildung bedürfen und die wissenschaftliche Fort- und Weiterbildung Berufstätiger. Die Wissenschaft verpflichtet diejenigen, die an ihr teilnehmen, nicht zur Ausübung bestimmter staatlich anerkannter oder gesellschaftlich relevanter Berufe, sondern zur Wahrung der ihr eigentümlichen Erkenntnis.

Die theoretischen Wissenschaften stehen nicht mehr, wie in vormodernen Gesellschaften, neben der Gütererzeugung. Sie sind Ausgangspunkt der Produktion und Reproduktion gesellschaftlichen Lebens geworden.

Da die Wissenschaften als (mit)bestimmende Faktoren das gesellschaftliche Leben durchdringen, sind sie auch der Gesellschaft verpflichtet.

Sie müssen die gegenseitige Abhängigkeit und Beeinflussung reflektieren, und sie müssen die wissenschaftlich-technische Gestaltung der gesellschaftlichen Wirklichkeit in ihre Begriffe und ihre Aufgaben einbeziehen.

Das überall wirksame Wechselverhältnis von ökonomisch-politischen Verhältnissen und wissenschaftlich-technischer Arbeit macht es zur Aufgabe der Hochschule, die gesellschaftliche Ordnung wie auch ihre eigene Tätigkeit zu erforschen. Wissenschaft ist somit das Medium seiner Selbstaufklärung.[29]

Wissenschaftlich ist die Gesellschaft in dem Maße, in welchem durch wissenschaftliche Methoden gewonnene oder kontrollierte Erkenntnisse zu Voraussetzungen der gesellschaftlichen Praxis werden. An den Techniken der Produktion war die Struktur solcher Verwissenschaftlichung der menschlichen Arbeit am frühesten auffällig. Inzwischen bestimmt die Verwissenschaftlichung Techniken der Organisation und wird pädagogisch, psychologisch oder soziologisch in zunehmendem Maße auch für das soziale Handeln relevant. Das bedeutet: die Wissenschaft ist in das Ensemble der lebenswichtigen menschlichen Tätigkeiten eingerückt. Sie ist zur materiellen Bedingung unserer Existenz geworden.[30]

Wissenschaft bedeutet eben nicht, Beweise zu suchen für das, was man von vornherein weiß. Grosser[31] ist der Überzeugung, dass das Nichtrespektieren der Wahrheit im Namen der Gerechtigkeit und im Namen der Freiheit zu vielen Unterdrückungen geführt hat. Mehr Verstärkung der Wahrheit und Suche nach Wahrheit würde sich letztlich auszahlen. Er sieht das als Grundsatz der Lehre und des Unterrichts.

Klüver[32] führt hierzu aus, dass Wissenschaft ihre besondere Funktion nur dann realisieren kann, wenn sie als funktional ausdifferenziertes Subsystem ihre Kommunikationsprozesse ausschließlich über ihr spezifisches Medium - das der Wahrheit - steuert und andere gesellschaftliche Orientierungen (wie etwa die Nützlichkeit) rigoros ausblendet. Nach Klüver ist hierz Systemautonomie notwendig, um sich gegen Nützlichkeitsansprüche erfolgreich sperren zu können. Im Sinne Humboldts hieße das: Wissenschaft wird ausdrücklich als gesellschaftlicher Funktionsbereich definiert, der zur Erfüllung seiner gesellschaftlichen Aufgaben eines eigenständigen autonomen Handlungsspielraumes bedarf.

Dies ist das Konzept der autonomen Wissenschaft, wie es im 19. Jahrhundert entwickelt wurde und wie es auch die institutionelle Entwicklung von Wissenschaft und Universität gerade in Deutschland lange Zeit bestimmt hat.

Mittlerweile jedoch dominieren quantitative Probleme und in ihrer Folge Lösungsversuche im organisatorisch-institutionellen Bereich.[33]

1.2 Die Hochschulforschung im Spannungsfeld von Forschung und Lehre

Die vorliegende Arbeit beschäftigt sich vornehmlich mit der Ausbildungsfunktion der Hochschulen, in besonderer Weise mit der Ausbildung an Fachhochschulen. Es liegt zunächst nahe, die Ausbildungsfunktion der Hochschulen auf die Fachhochschulen zu übertragen, da in beiden Institutionen ausgebildet wird. An dieser Stelle ist jedoch der jeweils spezifische Anspruch an die Ausbildungsfunktion genauer zu diskutieren. Die folgenden Betrachtungen gehen speziell auf das Spannungsfeld Forschung und Lehre im universitären Bereich ein. Diese Ausführungen sollen den Unterschied zwischen Universitäten/Hochschulen und Fachhochschulen deutlich werden lassen.

Hochschule und Wissenschaft werden in der Regel in der wissenschaftlichen Diskussion als zwei verschiedene Problembereiche betrachtet. Insofern haben sich die Wissenschaftsforschung und die Hochschulforschung als abgegrenzte Forschungsbereiche auseinanderentwickelt.

In der Wissenschaftsforschung ergibt sich eine Problematik durch die Zuordnung der Hochschulen zum Bildungssystem. Theorien von Bildung und Ausbildung werden (oft unhinterfragt) als Leitlinie für universitäre Ausbildung angelegt. Somit wird die Hochschule zum Bestandteil des Bildungssystems. Die Wissenschaft als Kategorie ist somit nicht mehr eine eigenständige Problemdimension. Die Gefahr liegt darin Hochschulstudien primär an Ausbildungsproblemen zu orientieren.

Dabei werden sowohl die theoretischen Kategorien als auch die Forschungsprobleme an Theorien von Bildung und Ausbildung gemessen. Universität erscheint hier als Teil des Bildungssystems, und zwar als Teil des tertiären Sektors. Die Kategorie der Wissenschaft löst sich als eigenständige Problemdimension bei diesen an Ausbildungsproblemen orientierten Hochschulstudien auf. Die Gründe dieser einseitigen Orientierung liegen in gesellschaftlichen Zuschreibungen, wie z. B. dem in der Öffentlichkeit behaupteten Versagen ihrer Ausbildungsfunktion.[34]

Becker geht davon aus, dass in den allgemeinen Funktionsbestimmungen des Bildungssystems zwischen Hochschulen und allgemeinbildenden Schulen ungenügend differenziert wird. Er ist der Überzeugung, dass hier die Möglichkeit verlorengeht die Eigenfunktionen der Hochschulen zu bestimmen. Denn ohne eine Wissenschaftsorientierung entwickeln sich nach Becker die Hochschulen zu bürokratischen, intellektuell und emotional verarmten Ausbildungsfabriken.[35]

Die Hochschule als besondere Institution bleibt - wenn sie primär als Bildungsträger gesehen wird - in ihren eigentlichen Funktionen relativ unbeachtet. Die eigentliche Funktion der Hochschulen sollte aber die Umsetzung Humboldtscher Forderungen nach Wissenschaftlichkeit sein. Wissenschaftlichkeit ist weiter gefasst, als ihre Reduktion auf die optimale Durchführung von Forschung und Lehre.

Humboldt verstand unter der "Formel Einheit von Forschung und Lehre" einen lebendigen, gleichberechtigten Dialog zwischen Lehrenden und Lernenden. Die Forschung sollte durch permanente kritische Explikation und Diskussion in der Lehre, und die Lehre durch ständige Kritik und Revision von Lehrmeinungen in der Forschung gefördert werden. Wissenschaft sollte sich danach als ein freier und kritischer Kommunikationsprozess institutionalisieren. Dies entspräche dem Vorbild des philosophischen Dialogs.[36]

Auch in Abgrenzung der Universitäten zu den Fachhochschulen für Sozialwesen ist es notwendig, die besondere Funktion der Universitäten als Forschungseinrichtung zu verdeutlichen.

Klüver betont das Besondere der Hochschulen gegenüber allen anderen Ausbildungsinstitutionen. Er ist der Auffassung, dass es der Hochschule fundamental um die Erzeugung und Vermittlung von Wissenschaft gehen müsse. Die Wissenschaftlichkeit der Hochschulausbildung ist nach Klüver dadurch gekennzeichnet, dass das Hochschul-Curriculum sich inhaltlich und strukturell ausschließlich an der Fachsystematik einer Wissenschaftsdisziplin orientieren müsse. Die Besonderheit der Hochschule gegenüber den anderen Ausbildungsbereichen bestehe darin, der zentrale Teil des institutionalisierten Wissenschaftssystems zu sein. Somit müsse Wissenschaftsproduktion und Wissenschaftserhaltung von den Lehrenden an Hochschulen als die primäre Aufgabe betrachtet werden. Damit tritt die Ausbildungsfunktion der Hochschule nach klassischem Selbstverständnis (abgesehen von den Fachhochschulen) deutlich zurück. Das heißt, dass die Funktion der Ausbildung an Hochschulen als sekundärer Bestandteil sich dem Primat der Forschung unterzuordnen habe. Dadurch hat die Hochschule eine gesellschaftlich widersprüchliche Auftragssituation (vgl. die Diskussion in Kapitel 1.3). Es entstehen Strukturprobleme durch die Verquickung der eigentlichen Aufgaben der Hochschullehrer (als Forscher) mit den Ausbildungsaufgaben. Der Hochschullehrer muss sich in erster Linie als Forscher und nicht als Lehrer definieren. Wissenschaft definiert sich in erster Linie über die Forschung und nicht über die Lehre. Die Forschung bestimmt Ausbildungsinhalte und Methoden. An Fachhochschulen stellt sich diese Problematik nicht, da diese einen anderen gesellschaftlichen Auftrag haben.

Universität ist dabei der institutionalisierte Rahmen wissenschaftlichen Erkenntnisstrebens und der Vermittlung von Wissensbeständen und zugleich der Einübung in Methoden ihrer Gewinnung. Die auf andere soziale Subsysteme abzielende funktionale Leistung der Universitäten (Abgabe von Forschungsleistungen und die Ausbildung von Studenten) stellt diesen Status nicht in Frage, sondern fordert ihn geradezu. Die Systemleistung der Hochschulen besteht in der wissenschaftlich orientierten, autonom sich legitimierenden Erkenntnisproduktion.

Die Einheit von Forschung und Lehre darf nicht darüber hinwegtäuschen, dass es sich um getrennte Aufgabenbereiche handelt. In der Forschung sollen Erkenntnisse für die Gesellschaft (oder auch nur zur Reproduktion der Wissenschaft selber) produziert werden. In der Lehre sollen Ausbildungsinhalte für Berufe, allgemein (für den Arbeitsmarkt) hergestellt werden. Innerhalb der Forschung geht es um den Umfang der Bereitstellung von Forschungskapazitäten und Forschungsmöglichkeiten. In der Ausbildung geht es um den Zugang zum Studium und dem abschluss der Hochschulausbildung.[37]

Nach Klüver müssen sich die Hochschulen eindeutig gegen pragmatische Funktionalisierungsbestrebungen und Interessen der Gesellschaft behaupten. Der eigentliche Auftrag der Universität könne nur dann erfüllt werden, wenn sich die Hochschule als autonomer Träger der universitären Freiheit versteht. Eine Neugestaltung der Universität kann nur über eine Neudefinition des Begriffs der Wissenschaft geleistet werden. Dies kann Wissenschaft nur durch eigene Reflexion ihres gesellschaftlichen Auftrages leisten.[38]

Auch Dahrendorf macht deutlich, dass wissenschaftliche Forschung und Lehre nur dann sinnvoll, gut, erfolgreich sein können, wenn sie so weit wie möglich ihren eigenen Regeln folgen. Wer anfangen würde, der Wissenschaft externe Zwecke vorzuschreiben, ernte zuallererst schlechte Wissenschaft. Ganz entsprechendes gilt für die Lehre, so Dahrendorf. Sicherlich könne man versuchen, eindimensionale Fachleute auszubilden, Leute also, die Detailkenntnisse mit unbefragten Wertvorstellungen verbinden. Diese seien aber unflexibel und nicht innovationsfähig. Die Universität könne nur leben, wenn die Qualität und Freiheit von Forschung und Lehre garantiert seien. Das beinhaltet, dass beide Bereiche ihren Gesetzen folgen. Sie müssen in ihrem Umfang unbegrenzt und in ihrer Vielfalt gesichert sein.[39]

Diese Forderungen Dahrendorfs decken sich mit den Forderungen der Bundesassistentenkonferenz, wie sie im Kreuznacher Hochschulkonzept beschlossen wurden.

Die Aufgabe der Hochschule erschöpft sich danach nicht in der Berufsausbildung. Die wissenschaftliche Kommunikation muss erweitert werden und gefordert wird ein Maß an Selbständigkeit in Forschung und Lehre und Studium. Die methodische Gewinnung, systematische Darstellung und öffentliche Verbreitung wissenschaftlicher Erkenntnisse ist Sinn und Zweck der Universitäten.[40]

Klüver sieht eine Situation, in der die Hochschulforschung einseitig die Tradition der deutschen Universität zu negieren scheint, indem sie diese

Institutionen ausschließlich dem Ausbildungssystem zurechnet. Die Berufung auf die Wissenschaft als Aufgabe der Hochschule sei schon fast zum Kennzeichen konservativer hochschulpolitischer Positionen geworden. Klüver führt weiter aus, dass es wichtig sei, sich der theoretischen Grundlagen zu vergewissern, von denen aus über Aufgaben und Funktionen der Universität geredet werden kann. Die europäische Geschichte zeige, dass sich Forschungs- und Ausbildungsleistung in einem ständigen Spannungsfeld befinden.[41]

Die Wissenschaftsdisziplinen und nicht etwa die Universität sind nach Klüver der eigentliche Ort, an dem sowohl Forschung wie auch Ausbildung stattfindet. Und dies sowohl kognitiv als auch sozial.

Kognitiv bedeutet dabei, dass sich Forschung und Ausbildung methodisch und inhaltlich an dem orientieren, was als Verfahren und Erkenntnisbereich der Disziplin in Abgrenzung zu anderen Disziplinen festgelegt ist. Die soziale Komponente bedeutet, dass die Zugehörigkeit zu einer bestimmten Wissenschaftsdisziplin das eigentliche professionelle Selbstbewusstsein und die praktischen Handlungsorientierungen bestimmen. In dem Prinzip wissenschaftlicher Ausbildung (als Reduktion von Praxisbezügen und Komplexität), die sich an einzelnen, voneinander abgegrenzten Wissenschaftsdisziplinen orientiert, liegt die eigentliche Spannung zwischen den Forschungsaufgaben und den Ausbildungsleistungen der Hochschulen. Dies ist nach Klüver ein realer Widerspruch der beiden Aufgaben der Universitäten, denn möglichst effektive Forschung und optimale Ausbildung, verstanden als Vorbereitung auf berufliches und gesellschaftliches Handeln, schließen sich zunächst einmal aus.

Die Universität wird somit von Klüver dem Wissenschaftssystem zugeordnet und nicht dem andersartigen Erziehungssystem.

Erziehungssystem und Wissenschaft unterscheiden sich durch generelle Ansprüche. Dem Erziehungssystem fehlt der Wissenschaftsanspruch auf Wahrheit als genereller Code.

Als systemtheoretische Aussage gilt nach Klüver, dass universitäre Ausbildung der der Schule deutlich gegenübergestellt werden muss.

Das Besondere der Wissenschaft - und damit der an ihr verlaufenden Ausbildung - wird in der Wissenschaft selbst festgelegt. Wissenschaft wird nicht als Randgröße verstanden, sondern als der eigentliche Inhalt der Universität und somit der universitären Ausbildung. Universitätsausbildung orientiert sich dabei nicht mehr an der sittlichen Bildungsleistung (Humboldt) von Wissenschaft, wohl aber an dem besonders der Wissenschaft eigenen Code der Wahrheit.

Dies macht dann, so Klüver, universitäre Ausbildung unvergleichbar mit anderen Ausbildungen. Es ergibt sich zwar keine unmittelbare ständig realisierte Einheit von Forschung und Lehre, aber eine ständig zu realisierende Orientierung aller Lehr- und Lernprozesse an dem autonomen Kommunikationmedium (der Wahrheit). Daran sollten sich Lehrende und Lernende ausrichten. Das setzt einen Entwurf von Wissenschaft voraus, der sich an einem sehr präzisen und drastischen Autonomiebegriff orientiert.

Wenn die Universitäten als Teil des Wissenschaftssystems verstanden werden, dann besteht ihre Eigenfunktion in Erkenntnisproduktion, deren Ziel Wahrheit ist.

Andere Aufgaben, (z. B. die der Ausbildung) sind demnach nachgeordnete Funktionen.[42]

Einzelne Funktionen der Hochschule werden im folgenden Kapitel detailliert dargestellt und diskutiert.

1.3 Die Funktionen der Hochschule

In diesem Kapitel werden zunächst die allgemeinen Funktionen der Hochschule dargestellt, um im Anschluss daran vier wesentliche Funktionen der Hochschule zu erörtern.

Hochschulen werden in gängigen Diskussionen als Institutionen begriffen, die unter bestimmten gesellschaftlichen Bedingungen entstanden sind.

Die Universität ist der Hauptträger tertiärer Ausbildung.

Massenbildung und wachsende Spezialisierungen haben in vielen Fällen zu einem strukturellen Wandel in zwei Richtungen geführt:

- zur Dezentralisierung der funktionalen Einheiten (Institute, Fakultäten, Fachbereiche)
- zum Ausbau umfassender zentraler Verwaltungen.

Der Staat tendiert zunehmend dazu, Universitäten zur Rechenschaft gegenüber der Öffentlichkeit zu verpflichten. Daher verstärkt der Staat seine Kontrolle im Hinblick auf die Finanzierung von Forschung und Lehre, im Hinblick auf die Ernennung der Bediensteten und im Hinblick auf die Studienpläne und Studienordnungen.

Je mehr Universitäten zu Institutionen der Massenbildung werden und je mehr sich Geistes- wie Naturwissenschaften in spezialisierte Disziplinen aufgliedern, umso weniger ist es möglich, die Paradigmata sowohl in Konkurrenz zueinander als auch relativ eigenständig zu entwickeln. Gemeinsame erkenntnisleitende Interessen gab es zur Zeit der Reformära. Die meisten Studierenden sind nur noch partiell engagiert. Die gesellschaftliche Bedeutung der Hochschulausbildung hat sich gewandelt. Für die große Mehrheit der Studierenden sind Universität oder Hochschule nicht mehr sozialer Lebens- und Bildungsraum, sie besucht die Hochschule mehr im Sinne rationaler Funktionalität. Man arbeitet für Zertifikate, die zum Berufseintritt notwendig sind, hat aber sein Lebenszentrum andernorts.

Das Problem der Studienreform ist im ganzen ungelöst. Zwischen Freiheit des Studiums im Stil der einstigen bürgerlichen Universität und überzogener schulmäßiger Bürokratisierung ist bis heute kein gangbarer Mittelweg gefunden worden.[43]

Die historische Entwicklung der Hochschule und ihre Bewegung in der 2. Hälfte dieses Jahrhunderts wurde im wesentlichen von drei Faktoren geprägt:

- von (sozio-) ökonomischen Interessen, die sich unter anderem in der Nachfrage nach Qualifikationen im Beschäftigungssystem zeigen,
- von den Anforderungen des Staates an die Hochschule und der Forderung zur Legitimation der Hochschule, was sich in den entsprechenden Hochschulgesetzen und Landeshochschulgesetzen niederschlägt,

- von den sich wandelnden gesellschaftlichen Ansprüchen, zum Beispiel nach gleichen Bildungschancen.

Diese drei Bereiche lassen sich als Elemente eines Systems begreifen, die sich in wechselseitiger Abhängigkeit befinden. Gleichzeitig nehmen sie reziprok aufeinander Einfluss.

Hochschulen sind ein Element der Gesellschaft. Sie haben eine eigene Geschichte und sind mit anderen Teilbereichen der Gesellschaft verflochten. Die Hochschulen sind von nationalen, regionalen und lokalen Besonderheiten geprägt. Dies erweckt zunächst den Eindruck, dass theoretische Systematisierungsversuche unmöglich sind.

Becker[44] meint hierzu, dass Aussagen über gesellschaftliche Funktionen des Hochschulsystems Abstraktionen sind, die zumindest drei Dinge unterstellen:

- das Phänomen Hochschule mit seinen unüberschaubaren raum-zeitlichen Ausprägungen lässt sich als System begreifen,
- die Hochschule ist ein ausdifferenziertes Teilsystem eines Gesamtzusammenhanges,
- dieses Teilsystem ist nicht aus sich selbst heraus zu begreifen, sondern über seine Beziehungen zu dem Gesamtzusammenhang und zu anderen Teilbereichen.

Aus dieser Unterstellung, dass allgemeine Funktionsaussagen möglich seien, folgen drei Bestandteile eines theoretischen Ausgangsproblems jeder Funktions- und Systemanalyse. Dabei lassen sich Handlungs-Systemtheorien und materialistische Reproduktionstheorien als die wesentlichen Theorieprogramme zur Bearbeitung dieser drei Teilprobleme darstellen:

- Das Rekonstruktions-Problem stellt sich in der Frage nach empirischen Bedingungen und theoretischen Voraussetzungen für eine Rekonstruktion der Gesellschaft als Ganzes in der Form eines Systems.

- Das Differenzierungsproblem: Hier muss geklärt werden, in welchen historischen Prozessen sich die heute relativ abgrenzbaren Funktionszusammenhänge als erkennbare gesellschaftliche Bereiche herausgebildet haben, die dann in der Theorie als Teil- oder Subsysteme gesehen werden.
- Das Relationsproblem beinhaltet die Schwierigkeit der Rekonstruktion einer Gesellschaft als Ganzes. Denkt man sich dieses Problem als in sich differenziertes Beziehungsgeflecht, dann ist zu bestimmen, wie die Beziehungen zwischen den Teilsystemen konzeptuell gefasst werden. Dazu muss die Frage, was denn den Zusammenhalt und die Einheit einer Gesellschaft garantiert, geklärt werden.

An Reproduktionstheorien ist die Frage zu richten, wie sie das Handeln vergesellschafteter Subjekte erklären und wie die Subjekte ihre Handlungsmöglichkeiten im Reproduktionszusammenhang bestimmen können (materialistische Handlungstheorie).

Handlungstheorien müssen klären, wie sich Gesellschaft als Ganzes reproduziert und wie die gesellschaftliche Struktur das individuelle und kollektive Handeln der Subjekte bestimmt. Analog dazu müssen Handlungstheorien auch die (mit-) bestimmenden Einflüsse der Subjekte auf die gesellschaftlichen Verhältnisse im Blick haben.

In der wissenschaftlichen Diskussion wird seit etwa 10 Jahren ein Modell vorgeschlagen, in dem der komplizierte Zusammenhang von subjektivem Handeln und Erleben mit gesellschaftlicher Reproduktion nach Systemebenen differenziert und hierarchisiert wird. Hier wird eine Unterscheidung getroffen zwischen Interaktions-, Organisations- und Gesellschaftssystemen.[45]

Hochschulen können als Organisationsformen komplexer intellektueller Arbeit erfasst werden, die qualifikatorische, innovative, legitimatorische und sozialisatorische Leistungen erbringen. Diese Leistungen werden für die Erhaltung und kontrollierte Veränderung der jeweiligen Gesellschaftsformation benötigt und sind nicht für die Mehrheit der Gesellschaftsmitglieder zugänglich. Hochschulen sind Minderheits-Institutionen, weil sie durch bestimmte Zugangswege gegenüber der übrigen Gesellschaft abgegrenzt werden. Diese Organisationsform steht in relativem Gegensatz zu den Organisationsformen des Beschäftigungssystems in den Produktions- und Reproduktionsbereichen, weil sie erst dann entstehen kann, wenn ein gewisses gesellschaftliches Mehrprodukt erbracht wird, das einer besonderen Personengruppe intellektuelle Arbeit außerhalb der unmittelbaren Produktions- und Reproduktions-Erfordernisse erlaubt. Die Besonderheit der Hochschule ergibt sich aus der Exklusivität gegenüber anderen gesellschaftlichen Bereichen. Gleichzeitig besitzt die Hochschule eine relative Eigenständigkeit der Arbeits-, Verkehrs- und Kooperationsformen.

Die Hochschule tradiert überliefertes Wissen und entwickelt es nach Kriterien einer gesetzmäßig festgelegten "Wissenschaftlichkeit" fort. Hierbei ist es auch die Aufgabe der Hochschule, die selbstgesetzten Kriterien von Wissenschaftlichkeit zu diskutieren und zu überprüfen.

Aus der Vermittlung von Qualifikationen, die in der jeweiligen Gesellschaft hoch bewertet werden und die nicht von anderen Institutionen vermittelt werden, sichert sie sich und ihren Angehörigen hohes Sozialprestige.

Die Hochschulen vermitteln extraqualifikatorische Sozialisationsinhalte, die außerdem als eine Voraussetzung für den Zugang zu gehobenen Gesellschaftspositionen gelten und die dadurch den Akademikerstatus verstärken.

Die Funktionen, die von den Hochschulen erfüllt wurden, haben sich im historischen Prozess verändert. Es lassen sich vier Funktionen der Hochschule benennen:

1. Qualifikation

2. Innovation

3. Tradition

4. Legitimation.

zu 1)

Die Qualifikation ist eine wichtige Hilfe und in der Regel Voraussetzung beim Zugang zu gesellschaftlichen oder beruflichen Positionen. Qualifikation wurde nach historisch-gesellschaftlichem Kontext und wissenschaftlicher Tradition unterschiedlich gesehen und bewertet. Qualifikation ist einerseits ein Sozialisationsprodukt, das über die bloße Vermittlung von Inhalten und Techniken hinausgeht.[46] Andererseits werden neben dem Erwerb berufsspezifischer Normen, Werte und Verhaltensstandards auch elitäre Bewusstseinsinhalte des Akademikers mit einbezogen. Die Qualifikation, die erworben wird, ist ein Produkt von Sprache, Wissen, Bewusstsein, Verhalten und Anwendungstechniken. Und dieses Produkt wird mitgeprägt von wissenschaftsimmanenten, organisatorischen, ökonomischen, gesellschaftlichen und politischen Momenten.

zu 2)

Die Forderungen nach Innovation richten sich in erster Linie an das Personal der Hochschulen und an ihre Absolventen. Innovation bedeutet die Weiterentwicklung des Wissens, die Entdeckung neuer Zusammenhänge und die Bearbeitung neuer Anwendungsmöglichkeiten. Inwieweit Innovation geleistet werden kann, ist abhängig von den Arbeitsbedingungen der Wissenschaftler und den Verwertungszusammenhängen, in denen die Wissenschaft sich befindet.

Die Hochschulen werden vom wirtschaftlichen System mitgeprägt und beeinflusst. Damit haben sich die Innovationsinhalte verändert. Wissenschaftliche Innovation ist nicht mehr nur in Deutungs- und Legitimationaufgaben eingebunden, sondern hat auch Produktionsaufgaben übernommen.

zu 3)

Intellektuelle Arbeit knüpft an Wissensbestände an, die überliefert werden in Form einer Vermittlung von Zusammenhängen. Daraus resultiert ein Begründungszwang. Wissenschaftliche Neuerung muss inhaltlich und methodisch begründet werden. Tradition kann jedoch auch hemmend wirken, wenn sie bestehende Denk- und Organisationsstrukturen verfestigt.

Hochschulen verschaffen sich in ihrer Binnenstruktur und in ihren Aufgabenstellungen Legitimation aus Traditionen. Hochschulen verwenden inhaltliche, methodische und strukturelle Traditionen, um ihre spezifische Arbeitsweise zu legitimieren. Hier kann Wissenschaft Gefahr laufen, zur

Legitimation der bestehenden gesellschaftlichen Verhältnisse unkritisch beizutragen.

zu 4)

Die ökonomische Funktion der Hochschule drückt sich auf verschiedenen Ebenen aus. Zum einen leistet die Hochschule den Beitrag, den die akademisch qualifizierten Absolventen zur wirtschaftlichen Produktion oder zur Reproduktion der Gesellschaft erbringen (Humankapital, Manpower). Zum anderen leistet sie auch einen Beitrag zur wirtschaftlichen Entwicklung im Sinne der Produktivitätserhöhung (Produktivkraft Wissenschaft, Technologie-Debatte). Und schließlich wirken die Hochschulen auch mit an der Entwicklung von Infrastruktur und Wirtschaftsstruktur der Hochschulorte (Hochschulen als Konsumenten).[47]

Die generelle Zielsetzung, Hochschulbildung stärker als bisher auf Qualifikations- und Berufsentwicklungen zu beziehen und berufliche Qualifikationen zu vermitteln, hat sich im Laufe der letzten zwei Jahrzehnte durchgesetzt und wird unter anderem durch das Hochschulrahmengesetz bekräftigt.[48]

Ein Hochschulwesen arbeitet dann funktional, wenn es seine gesellschaftlichen Aufgaben erfüllt, und es arbeitet rational, wenn es das ökonomische Prinzip verfolgt, bei gegebenen Aufgaben knappe Ressourcen möglichst günstig einzusetzen. Die Funktionalität zielt auf eine Organisationsstruktur, die externen und internen Maßstäben gerecht wird. Die externe Funktionalität richtet sich auf die Ausbildung und auf die Forschung, die beiden Aufgabenbereiche der Hochschulen. Die Aufgabe, Dienstleistungen zur Verfügung zu stellen, bleibt hier unerörtert. Die Einheit von Forschung und Lehre darf nicht darüber hinwegtäuschen, dass es sich um getrennte Aufgabenbereiche handelt, da im ersten Fall Ausbildungsinhalte für Berufe allgemein für den Arbeitsmarkt, im zweiten Fall Erkenntnisse für die Gesellschaft (oder auch zur Reproduktion der Wissenschaft selbst) produziert werden. Die Funktionalität der Ausbildung bezieht sich auf den Zugang zum und auf den Abgang vom Hochschulwesen, die Funktionalität der Forschung insbesondere auf den Umfang der Bereitstellung von Forschungskapazitäten.

Die Hochschule hat die Aufgabe, Lehre und Forschung zu betreiben. Ihr sind bei der Art bzw. Organisation Grenzen gesetzt; die Aufgabenerfüllung ist extern gesetzt. Die Funktionalität des Hochschulwesens (im Sinne von Aufgabenerfüllung für die Gesellschaft) erfährt somit von vornherein Einschränkungen.[49]

1.4 Bildungsökonomie

In den 50er und 60er Jahren verbreitete sich international die Auffassung, dass ein Ausbau der Hochschulausbildung elementare Beiträge zum Wirtschaftswachstum und zur internationalen Konkurrenzfähigkeit auf dem Gebiet der Technologieleisten könne. In der Bundesrepublik Deutschland führte das zu Warnungen vor einer deutschen Bildungskatastrophe, die langfristig die wirtschaftliche Entwicklung durch zu geringe Studentenzahlen beeinträchtige. Der Bildungsbereich wurde von Wirtschaftswissenschaftlern zunehmend als Kapitalanlage betrachtet, und seine Bedeutung für die wirtschaftliche Produktivität wurde hervorgehoben.

Das Politikum, das nicht zuletzt durch den "Sputnik-Schock" ausgelöst wurde, und die folgende bildungspolitische Diskussion erhöhten in den 60er Jahren die politische Bereitschaft, das Hochschulwesen auszubauen.

Der wesentliche Ansatz in der bildungspolitischen Diskussion war der Humankapitalansatz, der zu Beginn der 60er Jahre fortentwickelt wurde. Er gliederte sich sich in vier Forschungsbereiche auf:

- den Korrelationsansatz,
- den Restgrößenansatz,
- den Ertragsratenansatz und
- den Arbeitskräftebedarfsansatz.

Korrelationsansatz

Beim Korrelationsansatz werden Daten über den Schulbesuch, die Bilungsausgaben und über das Bruttosozialprodukt im internationalen Vergleich in Beziehung gesetzt. Vereinfacht dargestellt handelte es sich um die Fragestellung: Wie viel Bildung erwirtschaftet wie viel Bruttosozialprodukt?

Restgrößenansatz

Beim Restgrößenansatz versucht man zu messen, in welchem Umfang sich die ökonomischen Outputs nicht auf die gemessenen Inputs von Kapital und Arbeit zurückführen lassen. Dabei wird die Restgröße überwiegend dem Erkenntnisfortschritt und dem Bildungswachstum zugeschrieben. Wie viel Anteil hat die Bildung?

Ertragsratenansatz

Beim Ertragsratenansatz versucht man festzustellen, in welchem Umfang sich Bildungsinvestitionen in Einkommen niederschlagen. Wie viel Bildung bringt wieviel Einkommen?

Arbeitskräftebedarfsansatz

Der Arbeitskräftebedarfsansatz kombiniert die Analyse und das Planungsmodell.

Der Arbeitskräftebedarfsansatz beinhaltet Überlegungen zum Zusammenhang von Hochschulexpansion und Wirtschaftswachstum. Die wichtigsten Ansätze zur Bildungsplanung und -prognose sind der

Angebotsansatz (social demand approach) und der

Bedarfsansatz (manpower requirement approach).

Der erste Ansatz versucht, die wahrscheinliche Nachfrage nach Bildung und quantitativen Entwicklungen des Arbeitsmarktes zu schätzen, die zur Aufnahme der Bewerber erforderlich sind.

Der zweite Ansatz versucht, den quantitativen Bedarf an Arbeitskräften (je nach Vorbildung) zu prognostizieren und aus der Prognose erforderliche Veränderungen im Bildungssystem abzuleiten.[50]

Zu Beginn der Ausbauphase des Bildungssystems dominierten insbesondere bildungsökonomische Untersuchungen zum Bedarf und zur Bedeutung hochqualifizierter Arbeitskräfte für die weitere wirtschaftliche und gesellschaftliche Entwicklung sowie zur Ermittlung der Bildungsangebotsentwicklung. Die überragende Rolle, die bildungsökonomische Untersuchungen zu Problemstellungen der Hochschulbildung zunächst spielten, hat sich abgeschwächt. Zeitweilig erschienen die Begriffe Bildungsforschung und Bildungsökonomie als Synonyme.

Mindestens drei Gründe waren für diese Abschwächung maßgebend, da sich je nach Ansatz unterschiedliche Prognosewerte ergaben.

- Bedarfsprognosen enthalten immer ein konservatives Element insofern, da sie jeweilige Gegebenheiten und bisherige Trends fortschreiben. Wechselwirkungen zwischen Beschäftigungs- und Bildungssystem werden nicht berücksichtigt.

- Bedarfsprognosen vermitteln globale quantitative Orientierungen. Für die konkrete inhaltlich-qualifikatorische Ausgestaltung können sie keine Anhaltspunkte geben.

- Bedarfsprognosen reduzieren die Funktion des Bildungssystems allein auf die Zulieferung von Arbeitskräften für das Beschäftigungssystem. Bildungsplanung, die sich allein an ihren Prognosewerten ausrichtet, müsste immer dann den Zugang an weiterführender Bildung einschränken, wenn die individuelle Bildungsnachfrage den prognostizierten Bedarf zu überschreiten droht. Hierbei wird jedoch die freie Bildungs- und Berufswahl in Frage gestellt.

Im folgenden werden die geschilderten bildungsökonomischen Ansätze diskutiert.

Das Konzept flexibler Qualifizierung ist in erster Linie ein arbeitsmarkt- und beschäftigungspolitisches Konzept, das darauf abzielt, eine weitgehende Austauschbarkeit von Arbeitskräften am Arbeitsmarkt zu erzeugen. Das hat zur Folge, dass sich arbeitsinhaltliche und auf Selbstverwirklichung im Beruf sowie auf Einkommen und Status gerichtete Erwartungen und Ansprüche im Qualifizierungs- und Sozialisierungsprozess kaum mehr ausprägen.[51] Dieses Konzept erfordert Anpassungsleistungen vor allem auf seiten des Bildungssystems und der betroffenen Individuen.

Weiterhin ist zu fragen, ob Kenntnisse und Fähigkeiten, die der Student später braucht, in der Hochschulausbildung vermittelt werden müssen, oder ob es wichtiger ist, übergreifende Methoden und systematisches Wissen zu lehren. Allerdings ist universitäre Ausbildung nicht unmittelbar berufsorientiert. Sie vermittelt jedoch Schlüsselqualifikationen. Key qualifications sind besonders in der Zeit der Massenbildung von Bedeutung. Aber diese müssen neu definiert werden. Da die Praxis sich permanent in Veränderung befindet, kann sich nach Webler[52] die Universitätsausbildung nicht ausschließlich an Einzelproblemen im Praxisfeld orientieren, was letztendlich die Forderung unterstreicht, die key-qualifications neu zu definieren.

Die Diskrepanz von Bildung und Beschäftigung wird zu einem Dauerproblem erst mit der rasanten Expansion von sekundärer und tertiärer Bildung, die nach dem zweiten Weltkrieg in fast allen westlichen Gesellschaften erkennbar ist. Unter dem Druck eines zunehmenden politischen Steuerbedarfs für die kostenaufwendige Expansion des öffentlichen Bildungswesens gewinnt die Frage nach den Triebkräften für Bildungsentwicklungen und den inneren Zusammenhängen zwischen Bildung und Beschäftigung eine erhöhte politische und gesellschaftliche Dringlichkeit. Die Antworten unterschiedlicher Disziplinen (Ökonomie, Arbeitsmarktforschung, Sozialisationsforschung, Industriesoziologie) sind vielfältig. Sie variieren je nach Standort der einzelnen Fachdisziplinen. Es macht einen sichtbaren Unterschied, ob man nur nach der Bedeutung des Beschäftigungssystems für das Bildungssystem - oder umgekehrt - fragt, oder aber nach den Vermittlungsprozessen zwischen beiden Bereichen.

Vier Phasen der bildungsökonomischen Diskussion und entsprechenden Schwerpunktsetzungen lassen sich darstellen:

- In den 60er Jahren setzte auch in der Bundesrepublik Deutschland eine bildungsökonomische Diskussion ein, die unter dem Stichwort "Humankapital" wesentlich um das Verhältnis von Bildungsinvestitionen und Wirtschaftswachstum beziehungsweise Einkommensverbesserung zentriert war.

- Als Weiterführung dieses ersten wissenschaftlichen Begründungsversuchs für Bildungsexpansionen lässt sich der sogenannte Manpower-Approach nennen. Diskussionsschwerpunkt dieses stark planungsorientierten Konzeptes der Arbeitsmarkttheorie und -forschung war die Ermittlung des Bildungsbedarfs als Ergebnis der Nachfrage nach Arbeitskraft.

- Unter Bezug auf die Kritik an den Schwächen der ersten beiden Ansätze entwickelte sich eine arbeits- und industriesoziologische Qualifikationsforschung. Hier wurde für unterschiedliche Bereiche von Produktions- und Dienstleistungsarbeit eine Debatte über Qualifikationsentwicklung geführt. Die Diskussion polarisierte sich um die Begriffe Dequalifizierung und Höherqualifizierung.

- Seit Mitte der 70er Jahre wird in Erweiterung industriesoziologischer Fragestellungen ein wissenschaftliches Interesse an Arbeit deutlich. Hier ergeben sich Fragestellungen nach den sozialisatorischen Wirkungen von und durch Arbeit. Dies beinhaltet den Aspekt der Prägung individueller Verhaltensweisen, insbesondere des Lernverhaltens.

Das Humankapitalkonzept unterstellt, dass die wesentlichen im Beschäftigungssystem zur Anwendung kommenden (honorierten und einkommensrelevanten) Qualifikationen in institutionalisierten Bildungsprozessen erworben werden und dass Berufserfahrung und die vielfältigen Formen des trainee-on-the-job nicht erhebliches Gewicht hätten.[53]

1.5 Qualifikationsforschung

Die Forschung über den Zusammenhang von Hochschule und Berufstätigkeit ist innerhalb der Hochschulforschung die am häufigsten behandelte Thematik.[54]

Die Literaturfülle lässt eine Übersicht über die vorhandene Literatur nicht zu. Hinzu kommt, dass die meisten dieser Publikationen populärwissenschaftlich ausgerichtet sind.

Als wichtigste Themenbereiche der Forschung haben sich herauskristallisiert:

- Der spezielle Bereich "Hochschule und Beruf": Dies sind Forschungsbereiche, die sich durch das Untersuchungsobjekt, nicht jedoch durch bestimmte Methoden und wissenschaftliche Konzeptionen konstituieren. Die Untersuchungen sind auf das "Objekt Hochschule" gerichtet".

- Inhaltliche Aspekte der Berufstätigkeit und des Studiums: Diese nehmen den größten Umfang der Hochschulabsolventenstudien in der Bundesrepublik Deutschland (alte Länder) ein. Die Kernfrage ist die Frage nach den Qualifikationsanforderungen. Daneben spielt die Frage nach dem "adäquaten" Einsatz von Hochschulabsolventen eine große Rolle.

Die Beziehung von Hochschule und Beschäftigungssystem hat in den 60er und 70er Jahren wachsende politische und wissenschaftliche Aufmerksamkeit gefunden, wozu insbesondere die Bildungsexpansion und ein allgemeiner Trend zu größerer Wissenschaftsbestimmtheit der Berufspraxis beigetragen haben. Hierauf bin ich bereits im vorangegangenen Kapitel ausführlich eingegangen.

Die aktuelle Diskussion über Hochschule und Beschäftigungssystem orientiert sich an drei Argumenten:

- Die Beziehung zwischen den Leistungen der Hochschulen und den Anforderungen des Arbeitsmarktes ergibt sich nicht naturwüchsig durch Marktprozesse oder durch Planungsentscheidungen.

- Große Diskrepanzen oder "Abstimmungsprobleme" für eine Gesellschaft sind nicht in beliebigem Maße erträglich.

- Aus den hohen Kosten des Hochschulwesens folgen gesellschaftspolitische Prioritätenfragen.

Wissenschaftliche und politische Problematisierungen der Beziehungen zwischen Hochschule und Beschäftigungssystem bezogen sich zunächst auf quantitative und strukturelle Aspekte von Hochschulbildung und Arbeitsmarkt. beeinflusst von industriesoziologischen und berufspädagogischen Ansätzen wurden darüber hinaus Qualifikationsaspekte thematisiert. Man versuchte, die inhaltlichen Zusammenhänge von Studium und beruflichem Handeln zu erklären. Schließlich spielten die Beziehungen von Bildungsabschluss und Sozialchancen eine Rolle.[55]

Forschung über Hochschule und Beruf ist ein Forschungszweig, der sich sehr in der Nähe des Alltagswissens seiner praktischen Adressaten bewegt. Forschung über Hochschule und Beruf muss deshalb auf der einen Seite den Beteiligten an Entscheidungen über Hochschulfragen die Leistungen der Forschung "in eigener Sache" zeigen. Auf der anderen Seite muss die Forschung auch die Schwächen und Fehler von Lösungsansätzen deutlich machen. Forschung über Hochschule und Beruf ist in Gefahr, durch die Involvierung in aktuelle Problemkonstellationen zu stagnieren.[56]

Seit Anfang der sechziger Jahre werden in der BRD Berufs- und Qualifikationsentwicklungen verstärkt zum Bezugspunkt bildungspolitischer Diskussionen, Forderungen und Konzeptionen. Zunächst stand dabei die Hochschulreform im Vordergrund. Die Diskussion entstand zunächst um die Kernfrage, wieviele Absolventen welcher Studiengänge erforderlich seien, um nicht hinter den ökonomischen und gesellschaftlichen Entwicklungsstand anderer Staaten zurückzufallen. Gleichzeitig stellte sich die Frage, in welcher Weise der Hochschulbereich insgesamt und einzelne Studiengänge gestaltet werden müssten, um veränderten gesellschaftlichen Anforderungen und sich wandelnden Berufs- und Qualifikationsentwicklungen entsprechen zu können.

Wie bereits ausführlich diskutiert, stützen sich die Untersuchungen über qualitative Aspekte von Hochschulbildung und Beruf auf eine Vielzahl von Disziplinen (Industriesoziologie, Arbeitsmarktforschung, Berufsforschung, Bildungsökonomie, Curriculumsforschung usw.).

Zugleich befassen sich Untersuchungen zur Qualifikationsproblematik wenig mit hochqualifizierten Arbeitskräften, so dass Rückschlüsse auf das Verhältnis von Studium und Berufstätigkeit nur bedingt zulässig sind. Hinzu kommt, dass der Zusammenhang von Lernprozessen, Persönlichkeitsmerkmalen und beruflichem Handeln schwer zu bestimmen ist. Welche Kenntnisse und Fertigkeiten, Motive und Orientierungen sind notwendig, um ein dezidiertes berufliches Handeln zu ermöglichen?

Der Begriff Qualifikation umfasst berufliche Anforderungen, Lernprozesse und beruflich bedeutsame Persönlichkeitsmerkmale. Berufliche Anforderungen werden dabei als Qualifikationsanforderungen beschrieben. Diesen Anforderungen werden als Qualifikationen bestimmte Persönlichkeitsmerkmale zugeordnet, die für die Durchführung von Arbeitsaufgaben für erforderlich gehalten werden. Solche beruflich bedeutsamen Persönlichkeitsmerkmale werden in Lernprozessen, die als Qualifikationsprozesse bezeichnet werden, geprägt.

Qualifikationsbestimmungen unterscheiden sich zum einen dadurch, dass die beruflichen Anforderungen jeweiliger Tätigkeiten hervorgehoben werden, also das Ergebnis dessen, was für die Ausübung einer bestimmten Berufstätigkeit an psychischen, physischen, kognitiven und sozialen Fertigkeiten gefordert wird.

In anderen Qualifikationsbestimmungen rücken die individuellen Persönlichkeitsmerkmale in den Vordergrund, die ein Individuum als Erwerbstätiger durch Erziehung, Ausbildung oder/und Erfahrung erworben hat, und die sein berufliches Handeln bestimmen.

In allgemeinen Qualifikationsdefinitionen werden als Merkmale beruflicher Qualifikationen oft Kenntnisse, Fertigkeiten und Fähigkeiten genannt. Eine weitere Charakterisierung dieser Merkmale ist möglich, wenn man die Unterscheidung von kognitiven, sensomotorischen und affektiv-motivationalen Qualifikationselementen mit heranzieht. Diese Begriffe heben sowohl das Zusammenspiel unterschiedlicher Qualifikationselemente im Handeln als auch Bedingungen und Prozesse hervor, die für die Ausprägung bestimmter Qualifikationen wesentlich sind.

- Sensomotorische Qualifikationselemente sind die Fertigkeiten und Fähigkeiten, die einer besonderen Abstimmung zwischen Sinnesorganen und Motorik bedürfen.

- Kognitive Qualifikationselemente sind die Wahrnehmungsprozesse, Kenntnisse und Wissensstrukturen (Faktenwissen, Methodenkenntnisse, Techniken, Verfahrenskenntnisse usw). Sie umfassen auch generelle Fähigkeiten wie Verstehen von Fakten, Zusammenhängen und Regeln; Anwendung von gelerntem Wissen; analytisches und synthetisches Denken usw.

- Affektiv-motivationale Qualifikationselemente sind Motive, Einstellungen und normative Orientierungen, die für soziales und berufliches Handeln bestimmend sind.

Auf die Bedeutung affektiver und motivationaler Komponenten von Lernprozessen für soziales und berufliches Handeln weist insbesondere der Begriff Sozialisation hin. Sozialisation ist die Gesamtheit jener Prozesse der Persönlichkeitsentwicklung, die zu sozialem Handeln befähigen. Sozialisation greift weiter als Lernen und Erziehung, denn sie umfasst auch die nicht systematisch (planvoll und zielgerichtet) organisierten Prozesse. Persönlichkeitsmerkmale und soziale Verhaltensweisen werden auch durch zufällige und willkürliche Prozesse geprägt. In den meisten Theorieansätzen wird der Begriff Sozialisation jedoch enger gefasst. Dann umfasst er ausschließlich den Erwerb affektiv-motivationaler Persönlichkeitsmerkmale. Bei diesen Theorieansätzen wird dann der Begriff Qualifikation inhaltlich eingegrenzt und nur auf kognitive und gegebenenfalls sensomotorische Fähigkeiten und Fertigkeiten bezogen.

Oft richtet sich das Interesse nur auf kognitive Qualifikationselemente im Hochschulbereich. Affektiv-motivationale Aspekte von Bildungsprozessen spielten weniger eine Rolle und waren eher nicht unmittelbar angezielte Ergebnisse der Bildungsprozesse. Allerdings finden sie in den letzten Jahren zunehmend mehr Beachtung.

Zur stärkeren Berücksichtigung von Motiven, Einstellungen und normativen Orientierungen hat die Erkenntnis beigetragen, dass sie berufliches Handeln entscheidend beeinflussen. Eine einseitige kognitive Orientierung der Ausbildung kann die Variationsbreite in der Berufsausübung beeinträchtigen, zumal dann, wenn die Zahl der Berufsrollen zunimmt, in denen affektiv-motivationale Qualifikationselemente immer wichtiger werden.[57] Neben kognitiven Qualifikationselementen müssen immer auch soziale

Verhaltensweisen, die durch Einstellungen und normative Orientierungen in besonderer Weise geprägt sind, berücksichtigt werden. Die Auswahlentscheidungen im Beschäftigungssystem (im Zuge der Expansion des Bildungswesens) zeigen zunehmend diesen Bezug auf affektiv-motivationale Persönlichkeitsmerkmale. Bei einem breiter und allgemeiner werdenden Qualifikationsangebot werden Selektionsentscheidungen nicht mehr - wie früher häufig - mit kognitiven Qualifikationen begründet werden können.[58]

Bildungsprozesse und Persönlichkeitsmerkmale werden in der hochschulpolitischen Diskussion (insbesondere in der Hochschuldidaktik) meist in ihrer Funktion für berufliches Handeln beschrieben. Solche "funktionellen" Definitionen gehen davon aus, dass eine eindeutige Zuordnung von beruflichen Anforderungen, Qualifikationsanforderungen und Lernprozessen und eine eindeutige Bestimmung beruflichen Handelns durch spezifische Persönlichkeitsmerkmale möglich sei. Bei komplexen Tätigkeiten stellt dies aber schon ein Problem dar, und funktionelle Definitionen werden mit Begriffen umschrieben, die bestimmte beruflich bedeutsame Persönlichkeitsmerkmale schon vorab umfassen. Dieses Problem möchte ich im Folgenden zu klären versuchen.

Auch die Bestimmung von Lernprozessen, in denen bestimmte Persönlichkeitsmerkmale geprägt werden, ist schwierig, denn unterschiedliche Lernprozesse können durchaus die gleichen Effekte haben, und die gleichen Lernprozesse führen nicht notwendig dazu, dass die Individuen dann auch über die gleichen Persönlichkeitsmerkmale verfügen. Denn berufliches Handeln wird nicht allein durch Qualifikationselemente bestimmt, sondern unterliegt auch den Arbeitsbedingungen und -vorgaben der Arbeitsorganisation.

In der wissenschaftlichen und bildungspolitischen Diskussion wird der Qualifikationsbegriff mit einer Reihe zusätzlicher Attribute versehen. Dabei werden nicht nur bestimmte berufliche Anforderungen und Zusammenhänge von Bildungsinhalten hervorgehoben, sondern auch berufliche Anforderungen, die bei gezielten Veränderungen von Bildungsprozessen in besonderer Weise berücksichtigt werden sollen. Die wesentlichen Begriffe werden hier im einzelnen erläutert.

- Funktionale Qualifikationen

- Extrafunktionale Qualifikationen
- Soziale Qualifikationen
- Innovative Qualifikationen
- Spezialisierte Qualifikationen
- Generelle oder flexible Qualifikationen[59]

Funktionale Qualifikationen

Funktionale Qualifikationen sind die Kenntnisse, Fähigkeiten und Fertigkeiten, die zur Ausführung bestimmter Arbeitsaufgaben und Tätigkeiten für erforderlich gehalten werden. Qualifikationen werden dabei soweit als möglich aus vorgegebenen Arbeitsaufgaben bestimmt. Bildungspolitisch, gesellschaftspolitisch und hochschuldidaktisch steht dahinter die Vorannahme, dass Qualifizierungsprozesse sehr genau auf die jeweiligen Tätigkeiten und deren Anforderungen beziehbar sind. Danach ist eine möglichst enge Beziehung gesellschaftspolitisch wünschbar und auch unter ökonomischen Gesichtspunkten vorteilhaft.

Extrafunktionale Quakifikationen

Extrafunktionale Qualifikationen sind die Befähigungen, die nicht nur auf die rein funktionalen Ansprüche von Arbeitsbedingungen abzielen. Sie umfassen allgemeine normative Orientierungen, Einstellungen und soziale Fertigkeiten. Solche in besonderem Maße affektiv-motivational geprägten Qualifikationselemente bestimmen die soziale Persönlichkeit und soziales Handeln über den Beruf hinaus.

Soziale Qualifikationen

Soziale Qualifikationen stellen ausdrücklich extrafunktionale Qualifikationselemente in den Vordergrund. Es wird auf die enge Verknüpfung von kognitiven und affektiv-motivationalen Elementen und auf die Bedeutung sozialer Fertigkeiten im beruflichen Handeln verwiesen, aber auch auf die Forderung, diese Qualifikationselemente in der Ausbildung stärker zu beachten.

Innovative Qualifikationen

Innovative Qualifikation geht davon aus, dass die Funktion des Bildungssystems nicht nur darin liegt, auf gegebene berufliche Anforderungen hin auszubilden. Die Ausbildung muss auch so qualifizieren, dass die Absolventen in der Lage sind, gegebene Arbeitsaufgaben und -tätigkeiten und berufliche Leistungen in Frage zu stellen. Auf der Grundlage neuer Erkenntnisse von Wissenschaft und Forschung und unter veränderten gesellschaftspolitischen Zielsetzungen müssen Absolventen in der Lage sein auch ihr berufliches Handeln zu hinterfragen und zu verändern.

Spezialisierte Qualifikationen

Spezialisierte Qualifikationen sind die Befähigungen, die für ganz bestimmte Tätigkeiten erforderlich sind und sich nur auf diese beziehen.

Generelle oder flexible Qualifikationen

Generelle oder flexible Qualifikationen sind solche Befähigungen, die für eine Vielzahl von Tätigkeiten in gleicher oder ähnlicher Weise erforderlich und verwendbar sind. Berufliche Handlungsfähigkeit soll für möglichst viele Arbeitssituationen gewährleistet sein.

In der Erziehungswissenschaft geht man davon aus, dass Qualifikation durch zielgerichtete und organisierte Lernprozesse, also durch Unterricht, hergestellt wird. In der Ausbildung hochqualifizierter Arbeitskräfte (d. h. im Studium) wurde in der Vergangenheit diese Qualifikation dadurch zu erreichen versucht, dass die Lernenden an der Forschung teilnahmen. Dies geschah entweder in freier, ungesteuerter Weise oder innerhalb von Studiengängen, die als Einführung in die jeweilige Wissenschaft und als Vorbereitung auf Forschungstätigkeit organisiert waren.

Seit etwa Ende der 60er Jahre wird diese Praxis diskutiert und kritisiert. Im wesentlichen wurden folgende Mängel in der Ausbildung formuliert:

- Die Studenten lernen unbrauchbares Wissen.

- Die Studenten lernen in Arbeitssituationen, die untypisch für Arbeitssituationen im Erwerbsleben sind.

- Die Studenten werden mit illusionären Berufserwartungen versehen

Diese drei Gründe bewirken beim Übergang in den Beruf den "Praxisschock"

In der Diskussion wird auch die Gegenthese vertreten, dass nämlich gerade die unspezifische Ausbildung qualifiziere. Denn bei den Tätigkeiten, auf die vorbereitet werden soll, gehe es mehr um Herrschaftstüchtigkeit und die Stabilisierung von Betriebshierarchien als um die Verrichtung praktischer Tätigkeiten. Für diese Tätigkeiten seien weniger qualifizierte Arbeiter da. Die Defizite im Qualifizierungsprozess seien demnach gar nicht vorhanden.

Dem kann man entgegenhalten: Nicht alle Hochschulabsolventen können Leitungspositionen einnehmen. Somit bleibt für die Masse der Studierenden die berechtigte Frage nach der Brauchbarkeit der Ausbildung.

Welche Qualifikationen machen aus den Studenten nun Arbeitskräfte?

Diese Fragestellung von Qualifikationsforschung, also Kritik und Neubestimmung von Lernprozessen (hier im Bereich von Hochschulen), könnte man unter dem Gesichtspunkt ihrer berufsvorbereitenden Funktion folgendermaßen behandeln:

- Man studiert die Tätigkeiten, die gegenwärtig im Berufsfeld vorkommen. Man bestimmt diejenigen Kenntnisse, Fertigkeiten und Einstellungen, die für die Ausübung dieser Tätigkeiten erforderlich sind. Man reformiert bestimmte Studiengänge, indem man sie an gegenwärtigen Berufsfeldern orientiert.

- Man formuliert zentrale, exemplarische, typische Tätigkeiten und Qualifikationen.

- Man sortiert diejenigen Qualifikationen aus, die im Beruf selbst gelernt werden können (z. B. durch ein Trainingsprogramm, im Vollzug der Einarbeitung etc.) und weist die verbleibenden notwendigen anderen Qualifikationen der Ausbildung zu.

Dieser Neubestimmung von Lernprozessen kann entgegenhalten werden:

- Die Studenten, die nach (wie vorhin geschilderten) veränderten Studienplänen ausgebildet werden, beginnen ihre Arbeit im Berufsfeld lange Zeit nach einer Untersuchung der Arbeitsplätze. Angesichts der nicht planmäßig ablaufenden Entwicklung in Gesellschaft und Produktion ist die zwischenzeitliche Veränderung der Berufstätigkeiten nicht abschätzbar.

- Da Beruf und Ausbildung über den Arbeitsmarkt vermittelt sind, ist nicht absehbar, ob der einzelne Student auch genau diesen Beruf ausübt, für den das Studium ausbilden soll.

- Die Abgrenzung des Berufsfeldes ist ein Entscheidungsvorgang. Ebenso ist das Aussortieren der typischen Tätigkeiten und der Qualifikationselemente, für die die Hochschule ausbilden soll, eine Entscheidung. Allein mit wissenschaftlichem Instrumentarium sind diese Entscheidungen nicht zu treffen.

Aber man kann auf diesem Wege die Defizite der augenblicklichen Ausbildung relativ sicher benennen.

Studenten können nur berufsfähig, jedoch nicht berufsfertig gemacht werden. Es ist also nur möglich, eine allgemeine Berufsqualifikation zu erhalten. Die für die konkreten Arbeiten benötigten konkreten Qualifikationen müssen in einer Einarbeitungszeit aufgebaut werden. Eine Ausbildung, die als Vorbereitung für konkrete Berufstätigkeiten konzipiert ist, also konkrete Qualifikationen vermittelt, zerfällt dadurch, dass die Ausgebildeten später unter Umständen andere Erwerbstätigkeiten aufnehmen. Von daher ist es sinnvoll, für Ziele und Inhalte der Ausbildung Konzepte und Theorien zu entwerfen und sie in ihrem Gehalt als allgemeine Berufsqualifikation zu diskutieren. Der Entwurf solcher Konzepte erfolgt im Hinblick auf vorhandene Ausbildungsverfahren als auch im Hinblick auf Berufssituationen. Erschließt man das Qualifikationsproblem über den Handlungsbegriff, so kommt deutlich in den Blick die Frage, mit welchen Kenntnissen, Fertigkeiten und Einstellungen eine Arbeitskraft ausgestattet sein muss und ausgestattet werden kann.

Qualifikationsforschung, die mehr auf die Beschreibung von Profilen abzielt, geht von der Forderung aus, dass die zukünftige Arbeitskraft für die Anforderungen "passend" gemacht werden müsse. Da die Unzulänglichkeit einer profilorientierten Qualifikationsforschung offensichtlich ist, müssen zusätzlich "extrafunktionale Fähigkeiten" wie zum Beispiel Kritikfähigkeit, Emanzipation, Selbständigkeit in die Anforderungskataloge aufgenommen werden. Der Handlungsbegriff bezieht von vornherein eine dem handelnden Subjekt gegenübergestellte Umwelt mit ein.

Qualifikationskonzepte, die vom Handlungsbegriff her entwickelt sind, sehen die Hochschule mit ihrem Lehrangebot als gesellschaftliche Umwelt und fragen nach der Handlungsfähigkeit der Studenten gegenüber und in dieser Umwelt.[60]

Neben dem quantitativen Ausbau des Hochschulbereiches in den vergangenen Jahren, der sich im wesentlichen an der Nachfrage nach Hochschulbildung orientierte, wird seit 1979 qualitative Studienreform gefordert. Der Berufsbezug eines reformierten Studiums wird unterschiedlich gesehen und mit unterschiedlichen Argumenten gefordert:

- Studiengänge qualifizieren nicht allein für Tätigkeiten in Wissenschaft und Forschung und müssen auch die Möglichkeit einer späteren Berufstätigkeit außerhalb von Wissenschaft und Forschung mit einbeziehen.

- Gesellschaftliche und wissenschaftliche Praxis soll kritisiert werden, um mit diesem kritischen Potential eine Qualifikation zu vermitteln. Diese Qualifikation soll dem Beschäftigten helfen, kritische und innovatorische Elemente auch bei Anpassungsdruck in der Berufssituation nicht aufzugeben.

- Unter Berufsbezug der Hochschulen wird auch verstanden, durch curriculare Maßnahmen Schwierigkeiten beim Übergang von der Hochschule zu beruflicher Arbeit zu vermindern. Curriculare Maßnahmen sollen eine präzise Abstimmung mit Anforderungen des Beschäftigungssystems gewährleisten. Gleichzeitig sollen diese Maßnahmen die berufliche Verwertbarkeit der vermittelten Qualifikationen erhöhen und Arbeitsmarktrisiken durch Qualifikationselemente verringern. Dadurch soll die Flexibilität der Arbeitskräfte am Arbeitsmarkt und in den Ausbildungsorganisationen erhöht werden.

- Darüber hinaus zielt der Berufsbezug der Hochschulbildung aber auch auf das Erkennen erweiterter Beschäftigungsmöglichkeiten für Hochschulabsolventen und die Verwissenschaftlichung bislang nicht professionalisierter Berufe. Schließlich geht es auch darum, unter Berücksichtigung von Arbeitsmarkt-, Berufs- und Qualifikationsentwicklung Kriterien für den quantitativen Ausbau und die Differenzierung des Hochschulbereiches zu begründen und zu rechtfertigen.

Die Diskussion über einen verstärkten Berufsbezug ist zugleich auch eine Auseinandersetzung über die Funktion von Hochschulbildung im Verlauf des sozialen Wandels des Bildungssystems von elitärer Bildung zu "Massenbildung".

Die Untersuchungen zur Berufssituation, zu Beschäftigungsproblemen und zu Beschäftigungsmöglichkeiten für Hochschulabsolventen sind in den jeweiligen Zielsetzungen, theoretischen Ansätzen, methodischen Vorgehensweisen und thematischen Schwerpunkten sehr unterschiedlich. Gemeinsamer Nenner dieser Untersuchungen sind ihre Untersuchungsbereiche:

a) Verteilung von Absolventen bestimmter Fachrichtungen auf unterschiedliche Bereiche und Positionen,

b) Beschreibung ausgeübter Tätigkeiten,

c) Identifizierung von Berufsfeldern und beruflichen Aufgabenstellungen für Absolventen neuer Ausbildungsgänge,

d) Analysen der Probleme, die sich beim Übergang von der Hochschule zur Arbeitswelt ergeben, und

e) Formen und Wege über die Hochschulabsolventen berufliche Tätigkeiten suchen und zugewiesen erhalten.

zu a)

Welche beruflichen Positionen nehmen Absolventen bestimmter Ausbildungsgänge typischerweise ein? Welche Tätigkeiten üben sie aus? Welche Zusammenhänge bestehen zwischen der vorberuflichen Ausbildung und den ausgeübten Tätigkeiten?

zu b)

Dabei wird untersucht, welche Ausbildungsinhalte in der beruflichen Praxis wiederkehren, welches Verhältnis zwischen kognitiven und affektiv-motivationalen Anforderungen und Qualifikationselementen in unterschiedlichen Berufsrollen besteht und ob die Ausbildung - gemessen an bestimmten beruflichen Anforderungen - als ausreichend erscheint.

zu c)

Hier sollen Orientierungen für die Ausgestaltung und Bereitsstellung von Arbeitsplätzen gewonnen werden.

zu d)

Dabei werden Hinweise gegeben, wie die Ausbildung verändert werden könnte.

zu e)

Diese Untersuchungen zeigen, welche Qualifikationselemente hoch bewertet werden.

Die Ergebnisse dieser Untersuchungen wurden zu wichtigen Elementen in der Studienreformdiskussion. Zugleich aber wurde an den Untersuchungen Kritik geübt, da bei einer Veränderung von Ausbildungsgängen im Sinne einer Tätigkeitsfeldorientierung sich das Problem stellt, dass zunächst generelle Qualifikationselemente vermittelt werden müssten. Generelle Qualifikationselemente erweisen sich jedoch in Hinsicht auf konkrete Anforderungen einzelner Tätigkeiten als unzureichend, so dass nachträglich spezialisierende Ausbildungsphasen unumgänglich sind. Allerdings wären Konzeptionen denkbar, bei denen in einer Abfolge von Lernsequenzen zunächst generelle, dann zunehmend tätigkeitsbezogene Befähigungen vermittelt werden. Die Kritik greift vor allem methodische Mängel dieser Untersuchungen auf:

- Die meisten Studien sind Querschnittsstudien und liefern nur Momentaufnahmen beruflicher Realität. Ihrer Interpretation sind klare Grenzen gesetzt, da keine Entwicklungsverläufe untersucht werden.

- Viele Informationen werden durch Befragung der Betroffenen gewonnen. Ihre Einschätzungen und Bewertungen müssen oft ungeprüft bleiben. Die Objektivität derartiger Untersuchungen wird in Frage gestellt.

- Die Vergleichbarkeit der Untersuchungen wird bezweifelt, weil einerseits regelmäßig wiederkehrende Tätigkeiten als Qualifikationselemente hervorgehoben werden, andererseits geraten Qualifikationen in den Blick, die zur Bewältigung außergewöhnlicher Situationen erforderlich sind. Eine weitere Gruppierung bilden die Untersuchungen, die nicht nach vorhandenen, sondern auch nach fehlenden Qualifikationen forschen. Diese Untersuchungen laufen Gefahr, dass hierbei festgestellte Qualifikationselemente überbetont und andere, notwendige und bisher sinnvoll vermittelte Elemente, vernachlässigt werden.[61]

Die Schwäche von Versuchen, die Anforderungen an das Ausbildungssystem aus Arbeitsmarktanalysen zu gewinnen, lenkten auch die Aufmerksamkeit auf die "black box" dieser Modelle: Das Arbeitshandeln und dessen Beziehung zur Ausbildung. Diese stellen das zentrale Thema von Qualifikationsansätzen dar.[62] Einige Ansätze dieser Art versuchen, aus dem Vergleich von Studienplänen mit Tätigkeitsanforderungen zu eruieren Defizite des Hochschulstudiums zu bestimmen.

Der Vergleich zeigt, dass Betriebe Qualifikationen benötigen, die in der Regel in der Hochschule nicht gefördert werden, aber eine hohe Bedeutung im Arbeitshandeln von Hochschulabsolventen haben. Gemeint sind hier die bereits beschriebenen Sozialqualifikationen.

Eine Qualifikationsforschung, die die Sozialqualifikationen im Hochschulbereich im Blick hat, steckt immer noch in den Anfängen.[63]

Insofern stellt meine vorliegende Arbeit einen Versuch in zweierlei Hinsicht dar: Zum einen werden die für den Beruf des Sozialpädagogen/Sozialarbeiters grundlegenden Qualifikationen für die Arbeit beschrieben, zum anderen wird ein Programm entwickelt, das diese Qualifikationen (in meiner Arbeit als soziale -, emotionale Kompetenz und Beziehungskompetenz benannt) bereits innerhalb des Studiums fördert.

Qualifikationsprofile von Hochschulabsolventen decken sich nie vollständig mit den Qualifikationsanforderungen in Tätigkeitsfeldern des Beschäftigungssystems. Qualifikationsprofile sind immer zum Teil "defizitär" und gleichzeitig zum Teil "überschießend".[64]

Das ist auf zwei Faktoren zurückzuführen. Generelles Charakteristikum akademischer Berufe bzw. Tätigkeiten ist die im Vergleich zu nicht-akademischen Berufen bzw. Tätigkeiten erheblich größere "Unbestimmtheit des Arbeitshandelns". Weder der Grad der Verwertbarkeit von Qualifikationsmerkmalen der in diesen Berufen Beschäftigten noch die Methoden und Leistungsziele sind präzise bestimmbar, es existieren vielmehr relativ große Dispositionsspielräume.[65]

Wenn also hochqualifizierte Tätigkeiten in der privaten Wirtschaft durch eine relative Unbestimmtheit von Leistungszielen gekennzeichnet sind, dann entsteht sowohl für die Anbieter als auch für die Konsumenten der Lehrveranstaltungen in der Entscheidung über Lehrinhalte und Wahl von Lehrveranstaltungen eine relativ große Unsicherheit.

Bei einem Überangebot an Universitätsabsolventen werden kognitive Qualifikationen (Fachwissen) als selbstverständlich vorausgesetzt, deren Stellenwert wird aber relativiert durch "professionelle" Verhaltensstile und Sozialfertigkeiten.[66]

Der Wunschkatalog von Großunternehmen an die Eigenschaften von Hochschulabsolventen lautet: Kooperationsfähigkeit, Integrationsfähigkeit, Kontaktfähigkeit, Lehr- und Lernfähigkeit, Flexibilität und Mobilität,

Teamgeist, Initiative und Engagement usw. Gefordert wird der "akademische Modellathlet".

Aus der Sicht der Unternehmer haben die motivational-sozialen Qualifikationen Vorrang. Dies bedeutet eine Entkoppelung von Fachstudium und Beruf. Hieraus ergibt sich die Unsicherheit bezüglich der Lerninhalte und ihrer Methoden. Das heißt, welchen Stellenwert haben kognitive gegenüber motivational-affektiven Qualifikationselementen?

Bei manchen Fachrichtungen scheinen solche Kriterien eine größere Rolle zu spielen als Fragen des Fachwissens und allgemeiner kognitiver Fähigkeiten, die als hinreichend durch das Studium gesichert gelten.[67] Diese Aussage lässt sich auf den Studiengang Sozialarbeit/Sozialpädagogik an Fachhochschulen übertragen. Die Begründung dieser Aussage für den sozialen Bereich erfolgt ausführlich im Kapitel 3 meiner Arbeit.

Die Arbeit von Hochschulabsolventen ist nur bedingt der Beobachtung zugänglich, da Prozess, Produkt und verwendete Qualifikation nicht ohne weiteres erkennbar sind und es sich oft um langwierige, komplexe Aufgaben handelt.

Hochschulabsolventenstudien sind sehr unterschiedlich in ihren unmittelbaren Aussagen zum Studium. Hillmer, Peters und Polke[68] stellten einen direkten Ist-Soll-Vergleich zwischen Verwendung von bestimmten Wissensstoffen im Beruf und deren Umfang im Studium an. Der Ingenieur z. B. verbringt 2,7% seines Studiums mit Fragen der Organisation menschlicher Arbeit. Seine Berufserfahrungen zeigen aber, dass er 5,5% benötigt. Andererseits sind viele Studien sehr vorsichtig in Rückschlüssen von Tätigkeits- und Anforderungsaussagen.

Andere Studien kommen zu dem Schluss, dass die Studierenden zu stark mit ihrem Hauptfach bzw. den traditionellen Grundlagenfächern in Berührung kommen, aber nicht hinreichend mit anderen Fachgebieten, die für die Berufstätigkeit sinnvoll wären.[69]

Im Studium werden manche Fachgebiete stark betont, für die die Absolventen wenig Verwendung finden, andere Bereiche ihrer Disziplin sind nicht so vertreten, wie es von den beruflichen Anforderungen für notwendig gehalten wird.[70]

Absolventen und Beschäftiger betonen häufig, dass nach den Erfahrungen des Berufes ein allgemeines kognitives Training gegenüber der Vermittlung von Fachwissen verstärkt werden sollte (z. B. kritisches und logisches Denkvermögen, Fähigkeit zur Anwendung von theoretischen Kenntnissen, Problemlösungsverhalten).[71]

Vermisst wird insbesondere eine Praxisorientierung des Studiums. Das Einbringen der Erkenntnisse aus dem Studium in die Praxis wird als besonderes großes Problem gesehen.

Der Stellenwert von Sozialqualifikationen und normativen Orientierungen wird durchgängig betont (z. B. Führungsfähigkeiten, Loyalität, Einsatzbereitschaft).[72]

Es überwiegen die Studien, in denen Berufstätige mit einem Hochschulabschluss um eine globale Selbsteinschätzung ihres beruflichen Einsatzes gebeten werden. Diese Studien beziehen sich hauptsächlich auf einzelne Fachrichtungen oder Berufsgruppen. Es wird gefragt nach:

- überwiegenden Tätigkeitsmerkmalen,
- dem Auftreten der Wichtigkeit bestimmter Anforderungen,
- dem relativen Gewicht von Arten von Anforderungen (Fachkenntnissen, allgemeine Kenntnisse, Sozialqualifikationen),
- der Erforderlichkeit bestimmter Fachgebiete des Studiums für die Durchführung der Aufgaben,
- empfundenen Defiziten der Ausbildung auf der Basis der Berufserfahrungen,
- Gesamteinschätzungen über das Ausmaß der Nutzung der im Studium erworbenen Qualifikationen oder das Ausmaß der Abdeckung der beruflichen Aufgaben durch die im Studium erworbenen Qualifikationen.

In manchen Studien werden auch die Arbeitsorganisationen im Hinblick auf die Berufsaufgaben befragt. Diese Studien entsprechen in den Qualifikationskategorien und in der Globaleinschätzung den Absolventenbefragungen.[73]

Die Forschung über Studienangebote, Studienbedingungen, Studienverhalten und Persönlichkeit der Studenten lässt sich in vier Schwerpunkten benennen:

    a) Qualifikationsansätze

    b) Lehr- und lernbezogene Ansätze

    c) Sozialisationsansätze

    d) Infrastruktur- und Organsisationsansätze[74]

zu a)

Die Untersuchungen tendieren dazu, ihr Schwergewicht auf "stoffliche" Elemente des Studiums und der Ergebnisse zu legen. Fragestellungen sind z. B. welche Inhalte, Fächer, Theorien und Methoden in den Fächern waren Gegenstand des Studiums, und wieweit werden sie von den Studenten behandelt und beherrscht? Wieweit sind sie für spätere berufliche Aufgaben von Belang und wieweit gelingt es den Absolventen, das im Studium Erlernte in der beruflichen Tätigkeit zur Geltung zu bringen? Diese Ansätze legen nahe, den Einfluss der Hochschule auf die Studienergebnisse in erster Linie in inhaltlichen Dimensionen des Studienangebotes zu sehen.

zu b)

Diese Untersuchungen richten ergänzend zu Qualifikationsansätzen ihren Fokus auf Prozesse des Lernens und die Methoden des Lehrens. Sie legen nahe, die Anlage von Lehre und Studium als bedeutsam für die Ergebnisse des Studiums mit zu berücksichtigen.

zu c)

Diese Untersuchungen schließen in vielen Fällen Fragen der stofflichen Dimensionen und der Lehr- und Lernprozesse mit ein. Sie richten jedoch im Unterschied zu den anderen Ansätzen ihren Hauptschwerpunkt auf die Wahrnehmung, Wertvorstellungen und Verhaltensweisen der Lehrenden und Lernenden. Insbesondere untersuchen sie Interaktionen und Kommunikationen im Rahmen des Studiums und zugleich Einflüsse der Umwelt auf das Studienverhalten. Als potentielle Faktoren sind die Interaktionen der Lehrenden und Lernenden für die Ergebnisse des Studiums zu berücksichtigen.

zu d)

Diese Untersuchungen verweisen auf das organisatorische Umfeld des Lernens (äußere Variablen). Zum andren gehen sie der Frage nach, wie stoffliche, Prozessuale und sozialkommunikative Aspekte des Studiums auf Organisationsaspekte zurückzuführen sind. Wie hängen zum Beispiel stoffliche Bedingungen in den Studienangeboten oder Lehrmethoden mit den Rollenverständnissen der Hochschullehrer in der Organisation Hochschule oder mit Zeitbudget-Bedingungen zusammen?

> "Den wissenschaftlichen Hochschulen obliegt die Aufgabe der Berufsausbildung. Welche Kenntnisse, Fertigkeiten und Fähigkeiten zu vermitteln Aufgabe eines Studienganges ist, hängt von den Anforderungen der Berufe ab, zu denen der Studiengang Zugang gewährt. Soweit dürfte Einigkeit bestehen. Die Fragen beginnen dort, wo es um Bestimmung und Festlegung der beruflichen Anforderungen geht, auf die die Hochschule vorzubereiten hat. Insoweit besteht auch noch heute nach bald 20 Jahren neuerlicher Diskussion um die Berufsorientierung des Studiums noch immer keine sichere Grundlage. Welche kognitiven und welche affektiven Ausbildungsziele verfolgt werden sollen, ist weiterhin im Streit."[75]

Was Francke für die wissenschaftlichen Hochschulen ausführt, gilt auch für die Fachhochschulen, die auf eine praktische Ausbildung auf wissenschaftlicher Grundlage abzielen.

In meiner Arbeit werden als Schwerpunkt affektiv-motivationale Ausbildungsziele für Sozialarbeiter/Sozialpädagogen und ihre soziale Arbeit begründet. Über die Begründung affektiv-motivationaler Kompetenzen hinaus wird ein Selbsterfahrungsprogramm als ein Medium zur Umsetzung dieses Ziels vorgestellt.

Zu einer umfassenden Begründung ist es notwendig, die soziale Arbeit zunächst unter ihren historischen Rahmenbedingungen zu betrachten, da die Ausbildungskonzepte der Anfänge grundlegende Probleme quasi mit eingeführt haben, die auch bis heute noch nicht bewältigt werden konnten. Diese alten und neuen Probleme der Sozialarbeit tangieren jedoch die Formulierung von Ausbildungszielen.

1.6 Zusammenfassung

In dieser Zusammenfassung werden die wissenschaftlichen Hochschulen mit den Fachhochschulen für Sozialwesen verglichen. Es werden Gemeinsamkeiten und wesentliche Unterschiede diskutiert. Gerade in den Unterscheidungen liegen wesentliche Argumente für die Vermittlung emotional-affektiver Qualifikationselemente an Fachhochschulen für Sozialwesen. In gleicher Weise lassen sich dadurch die Unterschiede beider Organisationen deutlicher herausstellen.

Wie in Kapitel 1 beschrieben, ist die Hochschulforschung (mit Einschränkungen) immer noch in einem Stadium der Heterogenität, die eine Systematik erschwert. Für die Fachhochschulen gilt darüber hinaus, dass Forschung über Fachhochschulen fast gänzlich fehlt. Dies ist verständlich auf dem Hintergrund, dass die Fach(hoch)schulen als Spezialschulen erst Ende des 19. bzw. Anfang des 20. Jahrhunderts gegründet wurden. Durch das Zeitalter der Manufakturen und durch die Industrialisierung entstanden diese Fach- oder Spezialschulen, die ihre Zielsetzung hin zum Praktischen und Nützlichen sahen. Insbesondere wurde die Qualität des Praxisbezuges betont.

Die heutigen Fachhochschulen für Sozialwesen wurden sogar erst 1968[76] errichtet. So ist nachvollziehbar, dass Untersuchungsbefunde (wie Untersuchungen zum Arbeitsmarkt, Studien über Fachhochschulplanung, Studien über die strukturelle Entwicklung der Fachhochschulen sowie Untersuchungen über Lehre und Studium) nur in geringem Umfang vorliegen.

Es bleibt hier festzustellen, dass von einer zusammenhängenden Theorie der Hochschule nicht gesprochen werden kann. Diese Aussage gilt insbesondere für die Fachhochschule für Sozialwesen.

Wie die Universitäten befinden sich auch die Fachhochschulen in einer Krise.[77] Diese unterscheidet sich jedoch in einem wesentlichen Punkt von der Krise der Universität. Wenn die wissenschaftlichen Hochschulen den wirtschaftlichen Legitimationsdruck zu Recht beklagen, da hier eine Kollision mit dem universitären Anspruch auf Freiheit der Wissenschaften stattfindet, so ist die Fachhochschule in ihrem Wesen nicht der Wissenschaft allein, sondern auch der Praxis verpflichtet. Die Fachhochschulen für Sozialwesen bilden Sozialarbeiter/Sozialpädagogen aus, die ihre beruflich-praktische Grundlage mit wissenschaftlichem Basiswissen kombinieren. Die Wissenschaften allein bilden nicht die Grundlage der späteren Berufsarbeit, sondern mitentscheidend ist die praktische Ausbildung und der Berufsbezug auf die soziale Arbeit hin.

Nicht die einzelne Wissenschaft ist Richtschnur der fachlichen Ausbildung der Sozialarbeiter/Sozialpädagogen, sondern nur der Ausschnitt einzelner und die Kombination mehrerer Wissenschaften (Teilbereiche von Wissenschaftsdisziplinen in ihren Grundlagen). Ausschnitte einzelner Wissenschaften und Kombinationen mehrerer Wissenschaften werden im Hinblick auf ihre Brauchbarkeit für die Berufsausübung ausgewählt.

Im Gegensatz zur Universität ist die Fachhochschule nicht ausdrücklich charakterisiert durch die Einheit von Forschung und Lehre und somit auch nicht das Mittel ihrer Reproduktion. Die Fachhochschulen für Sozialwesen bilden mit "Fremdausbildern"[78] aus, die dem Studenten eine Generalistenausbildung und keine spezifische Ausbildung in einer einzelnen Wissenschaftsdisziplin vermitteln.

Die Fachhochschule ist keine autonome Stätte der Forschung, sondern sie muss ihre Lehre mit den Anforderungen aus der Praxis zumindest koordinieren, wenngleich sie auch nicht ausschließlich den Forderungen der Praxis nachkommen darf, um ihre eigene Reflexionsfähigkeit zu wahren.

Die Aufgabe der Hochschule ist die Veranstaltung von Wissenschaft, die sich auf Forschung, Lehre und Studium erstreckt. Im Vergleich dazu ist die Fachhochschule dazu verpflichtet, ihre Inhalte gemeinsam mit den Praxisvertretern auf ihre Brauchbarkeit für das Praxisfeld hin zu überprüfen. Der Ort der Lehre ist nicht nur der Hochschulort, sondern er ist überall dort, wo praxisrelevant Sozialarbeit stattfindet. So nimmt die Praxisausbildung einen wesentlichen Teil der Gesamtausbildung ein. Dies soll durch Praxisprojekte oder Lernfeldprojekte in Kombination mit der Lehre vermittelt werden.

Die Wissenschaft verpflichtet diejenigen, die an ihr teilnehmen, nicht zur Ausübung bestimmter staatlich anerkannter oder gesellschaftlich relevanter Berufe, sondern zur Wahrung der ihr eigentümlichen Erkenntnis. Im Gegensatz dazu ist gerade die Fachhochschule nicht zur Wahrung ihrer eigentümlichen Erkenntnis verpflichtet, sondern in besonderer Weise dem Staat und der Gesellschaft (dies ist gekennzeichnet z. B. durch die staatliche Anerkennung nach dem Berufsanerkennungsjahr für Sozialarbeiter/Sozialpädagogen). Die Fachhochschulen stehen im Gegensatz zu den Universitäten in der Verpflichtung, gesellschaftliche Orientierungen mit einzuschließen. Fachhochschulen sind keine autonomen Gebilde und sie bedürfen auch nicht der Autonomie, da sonst der Praxisbezug verlorenginge.

Hochschulen und Fachhochschulen ist gemeinsam, dass sich ihre Funktionen[79] mit Qualifikation, Innovation, Tradition und Legitimation beschreiben lassen. Jedoch unterscheidet sich die Fachhochschule von der Hochschule durch ihre spezifische Definition dieser Funktionen.

Die Qualifikation des Sozialarbeiters/Sozialpädagogen ist nicht ausschließlich eine wichtige Hilfe, um bestimmte gehobene gesellschaftliche Positionen zu erreichen, sondern eher (wie in der Gründungsphase der sozialen Ausbildung) unmittelbare Qualifikation zur Hilfe Einzelner, Gruppen oder eines Gemeinwesens.[80]

Die Innovation bedeutet an Hochschule und Fachhochschule die Weiterentwicklung des Wissens. Im Gegensatz zur Hochschule ist an der Fachhochschule dieses nicht allein abhängig von den Arbeitsbedingungen der Wissenschaftler und den Verwertungszusammenhängen, in denen sich der Wissenschaftler befindet. Innovation an den Fachhochschulen ist in erster Linie abhängig von dem gemeinsamen Austausch zwischen Dozenten, Absolventen und Praxisvertretern.

Die Traditionsfunktion der Fachhochschule lässt sich mit der der Hochschule gleichsetzen. Die Arbeit knüpft immer an Wissensbestände an, die überliefert werden in Form von Zusammenhängen. So werden in beiden

Organisationen inhaltliche, methodische und strukturelle Traditionen verwendet, um ihre Arbeitsweise zu legitimieren.

Die ökonomische Funktion der Fachhochschule für Sozialwesen liegt in dem Erhalt bzw. der Entwicklung einer Balance zwischen sozialer Ausrichtung und wirtschaftlichen Aspekten. Hierbei geht es nicht um Produktivitätserhöhung, sondern eher um Produktivitätserhaltung von Einzelnen, Gruppen und Gemeinwesen.

Universitäre Ausbildung ist nicht unmittelbar berufsorientiert. Die kognitiven Wissenselemente stehen im Vordergrund. In der Fachhochschulausbildung im Fach Sozialwesen hingegen wird unmittelbar für die Praxis ausgebildet. Die Komplexität des Praxisfeldes im sozialen Bereich ist so hoch, dass keine speziellen Fähigkeiten und Kenntnisse für jedes Praxisfeld ausgebildet werden können. So ist die Ausbildung genereller und nicht spezieller Qualifikationen verlangt.

Die Kernfrage für die Fachhochschulen ist die Frage nach den Qualifikationsanforderungen, die das das Praxisfeld stellt. Zugleich ergibt sich die Frage nach den Qualifikationen, die Sozialarbeiter/Sozialpädagogen notwendigerweise für die soziale Arbeit benötigen. Die Forschung über Hochschule und Beruf ist ihrem Ursprung nach ein Forschungszweig, der sich in der Nähe des Alltagswissens seiner praktischen Adressaten bewegt.[81] Für Die Fachhochschulen für Sozialwesen bedeutet das die umfassende Betrachtung von beruflichen Anforderungen, die Betrachtung von didaktisch begründeter Auswahl von Lehrinhalten und die Einbeziehung der Persönlichkeit des Studierenden. Diese Merkmale werden in Lernprozessen erworben, die als Qualifikationsprozesse bezeichnet werden. Für die Berufsausübung in der Sozialarbeit ist die Integration psychischer, physischer, kognitiver und sozialer Fertigkeiten notwendig. Dies lässt sich nicht ohne weiteres auf die wissenschaftlichen Hochschulen übertragen, da die universitäre Ausbildung sich aus Lehre und Forschung zusammensetzt und (wie bereits erwähnt) nicht unmittelbar berufsorientiert ist.[82]

Insofern kann sich das Forschungsinteresse im Fachhochschulbereich nicht nur auf kognitive Qualifikationselemente richten, sondern muss in besonderer Weise auf affektiv-motivationale Aspekte von Bildungsprozessen ausgerichtet sein.

Diese affektiv-motivationalen Aspekte sind immer als berufsfeldorientierte Aspekte für Sozialarbeiter/Sozialpädagogen zu betrachten und nicht als generell übertragbare Qualifikationselemente eines universitären Studiums.

Der Teil der funktionalen Qualifikation (Verwaltungskenntnisse, Techniken beruflichen Handelns, Didaktik/Methodik der Soziapädagogik, Sozialarbeitswissenschaft) ist durch kognitive Lernprozesse zu erreichen. Hier können Qualifizierungsprozesse unmittelbar und genau auf die jeweiligen Tätigkeiten und deren Anforderungen bezogen werden. Im menschlichen Kontakt, in der Interaktion mit Adressaten, wird dieses Instrument allein im Praxisfeld nicht ausreichen. Hier benötigen die Sozialarbeiter/Sozialpädagogen extrafunktionale, soziale, innovative und generelle oder flexible Qualifikationen. Diese Sozialqualifikationen sind berufsbezogene Qualifikationen der Sozialarbeit, welche sich durch spezielle Lernverfahren (berufsbezogene Selbsterfahrung) herstellen lassen. Dabei ist das Medium der Selbsterfahrung nicht reduziert auf den individuellen Lernprozess des Sozialarbeiters/Sozialpädagogen. Der interaktionelle Charakter der Sozialarbeit verlangt immer auch die Auseinandersetzung mit anderen über die eigene Person hinaus.

2 Die Entwicklung der sozialen Ausbildung

Die ersten Ausbildungsstätten für soziale Berufe entstanden um die Jahrhundertwende. Durch die zunehmende Industrialisierung und die damit verbundenen sozialen Probleme reichte die öffentliche Armenfürsorge nicht mehr aus. Aufgrund der sozialen und wirtschaftlichen Not der Arbeiterschaft, die soziale Frauentätigkeit hervorrief, und zugleich durch das Streben der bürgerlichen Frauen nach sinnvoller Tätigkeit entstand der Bedarf nach neuen Berufsmöglichkeiten. Die Frauen arbeiteten vorwiegend ehrenamtlich im sozialen Feld, doch um die Jahrhundertwende wurde immer deutlicher, dass die Frauen für die soziale Tätigkeit ausgebildet werden mußten.[83]

1891 stellte Helene Lange auf der Gründungsversammlung des Allgemeinen Deutschen Frauenvereins erstmals den Gedanken vor, Mädchen und Frauen des Bürgertums für die soziale Arbeit heranzubilden.

1893 bildete sich der Verein "Mädchen und Frauengruppen für soziale Hilfsarbeit" auf Initiative Jeanette Schwerins. Der Gründungsaufruf vom 5. Dezember 1893 wurde von Berliner Honoratioren (Bürgermeister, Schulräte, Sanitätsräte, Prediger, Direktoren, Offiziere, Stadträte) und ihren Ehefrauen unterschrieben. Es wurde angemahnt, dass der wirtschaftliche und kulturelle Notstand in weiten Bevölkerungsteilen zunehmende Verbitterung erzeuge.

Die Gründer gaben den Frauen und Mädchen der "besitzenden" Stände eine Mitschuld, weil sie den Anschauungen und Empfindungen der mittellosen Klasse kein intellektuelles Verständnis und keine persönliche Anteilnahme entgegenbrächten.

Die Unterzeichner betonten, dass es sich nicht um einen Schritt in Richtung weiblicher Emanzipation handele, sondern darum, junge Frauen und Mädchen zu ernster Pflichterfüllung im Dienste der Gesamtheit heranzuziehen.

Die praktische Arbeit sollte durch eine theoretische Ausbildung angeleitet werden, damit die Frauen zu einer planmäßig angelegten Tätigkeit angeregt werden.[84]

Der Verein organisierte Einzelvorträge, bis im Jahre 1897 der erste geschlossene Kurs über "Armenpflege" durchgeführt wurde.

1899 wurde erstmalig ein Jahreskurs zur beruflichen Ausbildung in der Wohlfahrtspflege angeboten. Dieser Kurs wurde von Alice Salomon entwickelt, die über den Verein "Mädchen und Frauen für soziale Hilfsarbeit" Kontakt zu Jeanette Schwerin bekam und von ihr gefördert wurde.[85] Dieser Kurs umfasste vier Wochenstunden und enthielt Vorlesungen über

- Grundzüge der modernen sozialen Entwicklung,
- Soziale Hilfstätigkeit in England und Amerika,
- Wohlfahrtseinrichtungen für die arbeitenden Klassen,
- Organisation der öffentlichen und privaten Wohlfahrtspflege,
- Gesundheitspflege bei Kindern,
- Grundzüge der Hygiene,
- Frauenpflichten im Haus und in der Gemeinde.[86]

Die Einführung des ersten Jahreskurses organisierte Alice Salomon als Nachfolgerin Jeanette Schwerins. 1908 wurden die Jahreskurse zu einer zweijährigen Berufsausbildung erweitert. Dazu wurde die "Soziale Frauenschule" in Berlin-Schöneberg gegründet. Die Gründe für die Errichtung einer Frauenschule sieht Müller[87] in der Person Alice Salomons als Frauenrechtlerin[88] und Volkswirtschaftlerin. Nach Müller hatte sie eingesehen, dass die ehrenamtliche Tätigkeit in der privaten Wohlfahrtspflege sozial engagierten Frauen auf Dauer keine neuen Berufsfelder erschließen konnte. Fesel sieht die sozialen Frauenschulen als Idee einer bürgerlich geprägten Frauenbewegung, die mehr Bildung für Frauen forderte und die Erschließung höherer Berufe.[89]

Bis 1918 wurden 13 Schulen eröffnet. Auf Anregung Alice Salomons wurde 1917 die "Konferenz Sozialer Frauenschulen Deutschlands" gegründet, um die unterschiedlichen Schulen zu koordinieren. Diese Konferenz schuf durch ihre Arbeit die Grundlage einer staatlichen Regelung der Ausbildung durch das Preußische Ministerium für Volkswohlfahrt im Oktober 1920. Diese Regelung, an der Helene Weber als Leiterin der Kölner Frauenschule maßgeblich beteiligt war, bildete die Grundlage der sozialen Berufsausbildung bis nach dem zweiten Weltkrieg.[90] Die Weitere Entwicklung wurde ab den 20er Jahren vornehmlich von Ausbildungsvorschriften bzw. ministeriellen Erlassen bestimmt und nicht mehr in dem Maße wie vorher von Privatpersonen oder freien gesellschaftlichen Gruppen.

Baron schreibt, dass die staatlichen Prüfungen und die erlassenen Regelungen über die staatliche Anerkennung der Absolventinnen bis 1960 in Kraft blieben.[91]

Es ist schon bemerkenswert, dass der Elan der Anfänge sozialer Berufsarbeit in den Jahren danach stagnierte. Immerhin bot diese Ausbildung für die Frauen einen Weg aus ihrer bürgerlichen Isolation. Bedauerlicherweise führten die Anfänge der sozialen Ausbildung nicht zu einer kontinuierlichen Weiterentwicklung der von Salomon begründeten Sozialarbeit.

2.1 Das Ausbildungskonzept der Anfänge

Im Februar 1908 erschien ein Buch Alice Salomons, in dem sie ihre Grundeinstellungen zum sozialen Beruf verdeutlichte.[92] Sie warnte nachdrücklich davor, eine Ausbildung zu konzipieren, die ein "dilletierendes Zuviel" beinhaltet. Dies war zuvor in einer Frauenzeitung vorgeschlagen worden.

> "2 bis 3 mal wöchentlich von 9-12 Uhr praktische Übungen in der Schulküche, dazu an theoretischem Unterricht Haushaltsrechnungen, Haushaltungschemie, Physik, Nahrungsmittellehre und dgl. Als zweites Hauptfach: Erziehung, und zwar durch praktische Anleitung in einem Kindergarten an drei Vormittagen von 9-12. Daneben an Theorie: Erziehungslehre, Psychologie, Gesundheitslehre, Naturkunde in Zusammenhang mit dem im Kindergarten behandelten Stoff. Zu diesen beiden Hauptgegenständen, die im ersten Jahr zu behandeln sind, kommt im ersten und zweiten Jahre allgemeine Fortbildung, die je nach Bedürfnis gestaltet werden könnte. "Deutsch, Geschichte, Fremdsprachen, Einführung in Volkswirtschaftslehre, Verfassungs- und Rechtskunde, Religionsgeschichte, Na-

turwissenschaften und dgl. käme in Betracht. Nur wenige Unterrichtsfächer dürfen aus diesem Gebiet gewählt werden." Im zweiten Jahre wäre neben diesem allgemein-wissenschaftlichen Unterricht Arbeit in Kinderheimen, daneben Einführung in soziale Frauenpflichten zu stellen. Dazu als Theorie: Entwicklungdes sozialen Gedankens, Einführung in die soziale Hilfstätigkeit, in die staatliche, kommunale, kirchliche und Vereinswohlfahrtspflege. An praktischen Fächern das Erlernen der Krankenküche, Samariterkurse und dgl."[93]

Alice Salomon sah schon zu Beginn der Ausbildung die Gefahren eines "Zuviel" an Inhalten. Sie richtete sich gleichermaßen gegen Lehrer, für die die Inhalte der sozialen Ausbildung bloße Unterrichtsgegenstände sind, die nur Wissen und Kenntnisse vermitteln. Sie plädierte für eine Vermittlung "lebendiger Überzeugungen". Sie war der Auffassung,

"....,dass man den Menschen (nicht) etwas beibringt, was sie vorher nicht wussten, sondern dass man sie zu etwas macht, was sie vorher nicht waren."[94]

An dieser Aussage kann man erkennen, dass die Begründerinnen der sozialen Ausbildung schon damals der Persönlichkeitsbildung der auszubildenden Frauen einen wichtigen Wert beimaßen.

Alice Salomon wandte sich gegen eine praktische Ausbildung zu sozialer Hilfsarbeit. Sie wollte durch die Ausbildung "soziales Denken" erzeugen.

Alice Salomon sah die Notwendigkeit der Vermittlung von Wissen und Können, um eine wirksame Hilfe in wirtschaftlichen und sozialen Notlagen geben zu können.[95]

Im Mittelpunkt der Ausbildung an der Frauenschule sollten die sozialwissenschaftlichen Fächer stehen, die während der Dauer der Ausbildung unterrichtet werden sollten. Vier Fächer zog Alice Salomon in Betracht:

- Volkswirtschaftslehre

- Staatslehre / Bürgerkunde

- Weltanschauungen oder Sozialethik

und eventuell

- Sozialpädagogik

Der Begriff Sozialpädagogik scheint erst nach 1890 vorwiegend von Pädagogen in den allgemeinen Sprachgebrauch übernommen worden zu sein, obwohl bereits 1850 in Diesterweg der Begriff "Sozialpädagogik" verwendet wurde. H. Kronen[96] geht der Geschichte der Sozialpädagogik sehr detailliert nach und nennt als Verbreiter dieses Begriffes Rudolf Hochegger, Karl Fischer, Paul Natorp, Otto Willmann und Robert Rissmann. Diese fünf Autoren gebrauchen den Ausdruck "Sozialpädagogik" in ihren Schriften etwa von 1894 an.

Die Entwicklung der Sozialarbeit wurde eher durch gesetzliche und administrative Maßnahmen und den Bereich der materiellen Hilfeleistung geprägt. Die Sozialpädagogik hingegen wurde stark von Einzelpersönlichkeiten und deren Denken beeinflusst und war in erster Linie erziehungs- und bildungsorientiert.[97] Insofern ist verständlich, dass A. Salomon die Sozialpädagogik "eventuell" in den Fächerkatalog aufnehmen wollte.

Im ersten Jahresbericht der sozialen Frauenschule Berlin zeigt sich, dass die Forderungen Salomons bereits erfüllt waren.

Die Oberlehrerin A. Weltmann stellte den Lehrplan im obg. Sinne vor, und grenzte die Ausbildung in Berlin von der in Köln, Charlottenburg und Frankfurt ab. In den anderen Schulen ging es vorwiegend um frauliche Tätigkeiten und den Bereich der Hygiene. In Berlin jedoch lag das Hauptziel der Ausbildung in der Verbindung von Sozialpädagogik und Hygiene. Weltmann sah die Verbindung

> "... als eine lebendige gegenseitige Durchdringung beider Gebiete aus der Überzeugung heraus, dass die Isolierung jedes Faches eine verhängnisvolle Einseitigkeit und Verarmung bedeutet. Wir können den Standpunkt derjenigen nicht teilen, welche meinen, dass eine angestellte Säuglingspflegerin einfach herumgehen kann und sehen, ob die hygienischen Vorschriften befolgt werden, sondern wir sind der Ansicht, dass die hygienische Fürsorgerin imstande sein muss, im Bedürfnisfall pädagogischen und seelischen Nöten Verständnis und

Hilfe entgegen zu bringen. Darüber hinaus wird die Fürsorgerin aber auch die wirtschaftliche Not der Familie sehen, und durch umfassende Maßnahmen beheben müssen, wenn nicht direkt, dann indirekt durch Überweisung an Fachstellen."[98]

An dieser Stelle wird die ganzheitliche Sicht der Berliner Schule erkennbar. Weltmann richtet sich gegen eine Isolierung von Fächern, die nach ihrer Meinung eine Verminderung beruflicher Kompetenz darstellt.

Auch zu Beginn der sozialen Ausbildung waren die Auffassungen über das "Wie" des Wissens und des Könnens der Fürsorgerinnen nicht einheitlich. So ist dem Lehrplan der sozialen und caritativen Frauenschule in Bayern aus dem Jahre 1918 zu entnehmen, dass nicht weniger als 24 Fächer, aufgeteilt in 10 fortlaufenden Fachkursen und 14 Fachkursen, welche in einer Reihe von Vorträgen ein abgeschlossenes Thema behandelten, absolviert werden mußten. Unter anderen absolvierten die Schülerinnen einen Stenographiekurs, die Anleitung in Kinderkatechese, und die Behandlung der Agrarfrage.[99]

Bedenkt man die Lage der Frauen, die von Unterrichtstätigkeiten bislang ausgeschlossen waren, so war zum Beispiel die Ausbildung in Kinderkatechese ein Zeichen dafür, dass den Frauen nun mehr zugetraut wurde.

In Heidelberg standen auf dem Lehrplan an erster Stelle Religionsunterricht und Sozialethik. Es folgten Volkswirtschaftslehre und soziale Gesetzgebung. Unter Praxisausbildung fand man im Lehrplan: Soziale Arbeit, Handarbeit, Besichtigungen und Studienfahrten.[100]

Neben schulinternen Fragestellungen nach den Ausbildungsinhalten entstand ein Streit zwischen den Schulbehörden, die eine pädagogisch gebildete Schulfürsorgerin verlangten, den Unternehmern, die arbeitsrechtlich ausgebildete Fabrikpflegerinnen wollten, den Ärzten, die pflegerisch gebildete Gesundheitsfürsorgerinnen wollten und den Armenbehörden, die rechts- und verwaltungskundige Wirtschaftfürsorgerinnen beanspruchten.

Die Vertreter des preußischen Innenministeriums stellten nach der Schilderung des vielfältigen Berufsbildes, auf das die sozialen Frauenschulen hinzielten, fest:

"Einen solchen Beruf gibt es nicht."[101]

Damit setzte sich die Überzeugung durch, dass eine allgemeine wohlfahrtspflegerische Ausbildung nötig war, die von Anstellungsträgern unbeeinflusst sein soll.

Entscheidend war nach den Lehrplänen dieser Zeit eine gereifte Persönlichkeit.

> "Die Aufgabe des Fürsorgers besteht deshalb darin, die Haltung des Klienten zu beeinflussen, auf einen Menschen einzuwirken - und das ist im Grunde genommen eine Führeraufgabe. Ihr Erfolg hängt vom Einfluss ab, den die Persönlichkeit des Wohlfahrtspflegers ausübt. Dies ist das wesentliche Hilfsmittel."[102]

Alice Salomon stützte sich in ihrem Buch "Soziale Diagnose" auf Arbeitsmethoden der Sozialarbeit (Fürsorge), die Mary Richmond in den USA entscheidend prägte (M. Richmond "Social Diagnosis", 1917). M. Richmond legte hier die Grundlagen der sozialen Einzelhilfe (Social Case Work). Der "Klient" wurde als ein Mensch gesehen, der unfähig war, sich selbst zu helfen. Indem sie von den verursachenden Faktoren der Hilfsbedürftigkeit ausging, begründete M. Richmond die diagnostische Einstellung der Sozialarbeiterin.

Im Verständnis der Fürsorgerinnen vollzog sich ein Wandel von der früheren Armenpflege zu einem Hilfeprozess moderner Prägung. Darüber hinaus sah Alice Salomon die Notwendigkeit der Weiterbildung nach den ersten Berufsjahren. Hierzu gründete sie 1925 die "Akademie für soziale und pädagogische Frauenarbeit".

Die wichtigsten Ideen der Gründungsphase dieser Akademie waren

- eine Verbindung von theoretischer und praktischer Ausbildung im Sinne einer ganzheitlichen Ausbildung,
- die Beschränkung von Unterrichtsfächern,
- eine bedürfnisorientierte Fortbildung,
- die Persönlichkeitsentwicklung der Auszubildenden,
- die Weiterbildung der Frauen nach der Ausbildung.

Hinter dem umfassenden Bildungsanspruch der Sozialschulen stand sicher auch das berufspolitische Interesse der Frauen, die diesen Beruf für sich geschaffen hatten. Der Beruf eröffnete ihnen die Möglichkeit der Mitgestaltung durch Frauen. Sie wollten keine spezialisierten Hilfskräfte unter einer Männerdomäne sein, sondern

> "wirkliche Ärzte für soziale Schäden."[103]

Nach 1933 beeinflussten die Nationalsozialisten durch die Hereinnahme des Gedankenguts der Erbgesundheitslehre und durch die Ideologie der Volksgemeinschaft die Lehrpläne der Wohlfahrtsschulen. Die praktischen Ausbildungselemente wurden stärker betont.[104] Die Ideen der Sozialschulen brachen zusammen.

Die neue "Volkswohlfahrtspflege" und die Gesundheitsfürsorge dienten zum Beispiel nicht mehr einem gesundheitsfürsorgerischen Zweck, sondern entsprachen einer langfristig angelegten Strategie der Tötung "lebensunwerten Lebens" und der neuen Rassenideologie des Dritten Reiches.[105]

In diesem Zusammenhang ist auf die Frauenforschung hinzuweisen, die die Rolle der Frauen im Dritten Reich als Mittäterinnnen beschreibt. Die Auseinandersetzung der Nachkriegsgeneration behandelte weitgehend die Schuld der Männer. Die Rolle der Frauen wurde vielmehr mit Opfer und Leid verknüpft. Die historische Frauenforschung zeigt auf, dass dieses Bild nicht der Realität entspricht. Täterschaft und Schuld beschränkte sich dabei nicht auf eine Minderheit von Frauen, die bedeutende Positionen in Nationalsozialistischen Organisationen innehatten, oder sich aktiv am Morden der Hitlerdikatatur beteiligten. Es wird darüber hinaus deutlich, dass sich Frauen aus der alten, traditionellen Frauenbewegung dem Regime andienten, und damit diese Unrechtsdikatur direkt unterstützten.

Die Frage des Ausbildungszieles und des Ausbildungskonzeptes wurde neuerlich in den 50er Jahren diskutiert, insbesondere in den Konferenzen der deutschen Wohlfahrtsschulen. 1951 und 1952 erörterte man eine Neuordnung der Ausbildung im Hinblick auf eine Vereinheitlichung der Ausbildungskonzeptionen der sehr kleinen Sozialschulen. Es wurden Stoffpläne angestrebt, die den Sozialschulen als Empfehlung dienen sollten. Weitgehend waren die Sozialschulen auf Wissensvermittlung ausgerichtet. Als neue Inhalte wurden die amerikanischen Methoden der Sozialarbeit in die

Ausbildung integriert. Dies führte in der Folge zu einer starken Betonung psychologischer Inhalte, während die Soziologie zum Beispiel erst in den 60er Jahren aufgenommen wurde.

2.2 Die Reform

Am 31. 10. 1968 wurde durch die Ministerpräsidenten der Bundesländer die Grundlage zur Errichtung von Fachhochschulen geschaffen.[106] Die Höheren Fachschulen für Sozialarbeit/Sozialpädagogik wurden in Fachhochschulen umgewandelt bzw. in neugegründete Fachhochschulen und Gesamthochschulen integriert.

Davor war die sozialberufliche Ausbildung in Fachschulen und Höheren Fachschulen durch "bereichsspezifische Disparität"[107] gekennzeichnet. Das Berufsfeld der Sozialpädagogik/Sozialarbeit war ohne Vertretung im tertiären Bildungsbereich, entsprechend wenig Beachtung fand es in Wissenschaft und Forschung. Und entsprechend gering war der Verwissenschaftlichungsgrad der Berufspraxis. Bei der heutigen Arbeitsmarktsituation muss man sich zunächst daran erinnern, dass die sozialpädagogischen Berufe in den 60er Jahren als Mangelberufe galten und der Zugang zu ihnen entsprechend gefördert werden musste. Der Berufsnachwuchs war zahlenmäßig unzureichend, sicher auch infolge der Unattraktivität der Ausbildung in Fachschulen bzw. Höheren Fachschulen. Hinzu kamen der geringe Status des Berufsbildes und die schlechten materiellen Bedingungen der Sozialarbeiter/Sozialpädagogen.

Diese Ausgangssituation war die Grundlage der weiteren Entwicklung des Praxisbereiches in den tertiären Bildungsbereich. 1969 wurde die Rahmenordnung für einen Diplom-Pädagogik-Studiengang eingeführt. Einer von fünf in der Rahmenordnung vorgesehenen Studienschwerpunkten (bzw. eine Studienrichtung) war die Sozialpädagogik/Sozialarbeit, die damit erstmalig in einem universitären und berufsqualifizierenden Studiengang repräsentiert war.

1971 wurden die Höheren Fachschulen in Fachhochschulen umgewandelt. Zusammen mit anderen (technischen und wirtschaftlichen) Fachrichtungen wurde die soziale Berufsausbildung aus dem Bereich des sekundären Schulsystems in den Hochschulbereich überführt.

Damit wurde auch das bis heute ungelöste Problem der fachlichen Zuständigkeit und Zentralität von Sozialpädagogik/Sozialarbeit geschaffen. Einerseits ist die Sozialpädagogik/Sozialarbeit kein Studiengang an den Universitäten, sondern nur eine von fünf Studienrichtungen im Fach Erziehungswissenschaft, und andererseits wird an den Fachhochschulen der Bereich Sozialpädagogik/Sozialarbeit am ausdrücklichsten von Fachhochschulabsolventen als "Lehrkräfte 2. Klasse" (minderer Status, Berufsbezeichnung und Bezahlung) bzw. von Hochschullehrern anderer Fachrichtungen und Fächer substituiv vertreten.[108]

An den Höheren Fachschulen hatten die Lehrkräfte den gleichen Status wie Lehrer an anderen Fachschulen. Mit der Errichtung der Fachhochschulen wurden andere Voraussetzungen geschaffen. Die Lehre sollte an Fachhochschulen von Dozenten bzw. Fachhochschullehrern und von Lehrbeauftragten durchgeführt werden. Dadurch wurde die bislang vorhandene relative Homogenität der Lehrkräfte durch die Reform hierarchisch stärker gegliedert. Zum einen gab es nun die Gruppe der akademisch qualifizierten Dozenten, und zum anderen die Gruppe der so genannten "sonstigen Lehrkräfte" oder "Lehrkräfte für besondere Aufgaben", womit die formal geringer qualifizierten und niedriger bezahlten lehrenden Sozialpädagogen und Sozialarbeiter bezeichnet wurden. Diese formale Differenzierung wirkt bis heute einschneidend in das Studium hinein. Denn gerade die lehrenden Sozialpädagogen und Sozialarbeiter sollen als Lehrende an Fachhochschulen die Ausbildung in zentralen Bereichen der Sozialpädagogik/Sozialarbeit und die Aufgabe der praktischen Ausbildung tragen.[109] Hierdurch wird gleichzeitig eine Identitätsbildung - bezogen auf die berufliche Identität von Sozialpädagogen/Sozialarbeitern - erschwert.

Die Auswirkung dieser Reform war die quantitative Entwicklung der Bildungsnachfrage und des Studienplatzangebotes im Bereich des Sozialwesens. Einer der Gründe hierfür liegt in der "Akademisierung", die eine höhere Attraktivität für Studienbewerber darstellte. Zudem schuf der allgemeine Trend der 60er Jahre durch die Studentenbewegung und die Außerparlamentarische Opposition (APO) die Grundlage für ein politisches und soziales Engagement, das sich in einer entsprechenden "sozialen" Berufswahl kennzeichnete. Die bereichsspezifische Disparität wurde dadurch verändert. Andererseits war eine Auswirkung, dass die Fachhochschulen dem unerwartet großen Andrang an Studenten nicht gewachsen waren.

Der durch die Fachhochschulreform hervorgerufene große Bewerberandrang führte zu Zulassungsbeschränkungen. Aus dem Mangel an Ausbildungsinteressenten war innerhalb kurzer Zeit ein Überfluss geworden.

Die Reformen der sozialpädagogischen Ausbildung haben unbestritten wichtige Reformziele erreicht. Insbesondere erreichten sie einen angemesseneren Status der Ausbildung im tertiären Bereich und dadurch gleichzeitig bessere Möglichkeiten zur wissenschaftlichen Bearbeitung sozialpädagogischer Probleme. Ebenfalls erreicht wurde die ursprünglich gewünschte Erhöhung der Studienbewerber, die dann den Fachkräftemangel partiell überwand.

Qualitative Weiterentwicklungen blieben bis heute aus. Vernachlässigt wurde zum Beispiel die Weiterentwicklung der Sozialpädagogik/Sozialarbeit als eigenständiges Fach, das Dozentenproblem als Grundfrage innerhalb der Ausbildung und nicht zuletzt die Übertragung der theoretischen Erkenntnisse in eine sich verändernde Praxis hinein.

Die früheren Überlegungen und Forderungen der Begründerinnen der Sozialschulen an eine soziale Ausbildung (siehe Kapitel 2 und Kapitel 2.1) haben keinen Eingang in die Reform gefunden. Insbesondere die Forderung einer einheitlichen Ausbildung wurde bis heute nicht eingelöst. Im Gegenteil: Im Rahmen des Wettbewerbes an Hochschulen wird eine einheitliche Orientierung in der Ausbildung Sozialer Arbeit verhindert.

2.3 Die Fachhochschulebene

Die Studienorganisation und Studienstruktur an Fach- und Gesamthochschulen ist nach Ländern und Trägern so heterogen, dass hier nur sehr allgemeine Aussagen über die Ausbildung von Sozialpädagogen und Sozialarbeitern gemacht werden können. Die folgenden Ausführungen gelten für die meisten Bundesländer. Spezifische Unterschiede werden von Rohde[110] ausführlich beschrieben.

Die Einführung der Fachhochschule stellte einen tiefen Einschnitt für das soziale Ausbildungswesen dar. Reformoptimisten nahmen an, dass die Fachhochschulen nur eine Übergangslösung auf dem Weg zur angestrebten Gesamthochschule seien.[111] Ursprünglich bestand die Absicht, die Fachhochschulstudiengänge mit den Universitäten zu verbinden und in Gesamthochschulen zu integrieren. Diese Integrationspläne sind allerdings weitgehend gescheitert. Die "Verwissenschaftlichung" der sozialpädagogischen Ausbildung stieß auch bei den Anstellungsträgern auf starke Vorbehalte. Sie befürchteten den Verlust des Praxisbezuges durch wissenschaftlich-kritische Studiengänge.

Der Gesamtvorstand kommunaler Spitzenverbände beklagte 1976, dass die Sozialpädagogen/Sozialarbeiter "zu theoretisch" ausgebildet seien und dass sie falsche Vorstellungen von den Pflichten, der Haltung und der Loyalität eines Mitarbeiters gegenüber dem Ausbildungsträger hätten. Darüberhinaus hätten sie falsche Wertvorstellungen und Erfolgskriterien, bezogen auf die eigene professionelle Tätigkeit.

Deutlich waren hier die Forderungen der Anstellungsbürokratie, die Berufspraxis stärker zu lehren. Nach den Vorstellungen der kommunalen Spitzenverbände beinhaltet die Berufspraxis fast ausschließlich Rechtskenntnisse und methodisch-technisches Handwerkszeug. An dieser Einstellung hat sich bis heute nichts verändert.

Die Landesarbeitsgemeinschaft der öffentlichen und freien Wohlfahrtspflege in Nordrhein-Westfalen veröffentlichte am 17. 3. 1988 Empfehlungen zur Gestaltung des Studiums der Fachrichtung Sozialwesen.[112]

Dieser Arbeitskreis geht tendenziell in die gleiche Richtung wie der Gesamtvorstand kommunaler Spitzenverbände im Jahre 1976.

Es wird von ihm die Vernachlässigung rechtlicher und verwaltungsorganisatorischer Gesichtspunkte bemängelt. Und sie beklagen, dass rechtliche oder administrative Themen in Diplomarbeiten zugunsten psychologischer, pädagogischer oder sozialwissenschaftlicher Themen in den Hintergrund geraten. Sie führen hierzu aus:

"Obwohl Qualität und berufspraktischer Nutzen der Ausbildung von Sozialarbeitern und Sozialpädagogen heute von keiner Seite mehr grundsätzlich bezweifelt werden, bleiben doch die speziellen, unterschiedlichen Erwartungen einzelner Anstellungsträger an das Lehrangebot häufig unerfüllt. Dies gilt zum Beispiel im Bereich der Methoden, der "Neuen Medien" oder auch der Vermittlung einer spezifisch "sozialpolitischen Orientierung" - um nur einige Beispiele zu nennen. Darüber hinaus sind nach übereinstimmender Auffassung vieler Praktiker der sozialen Arbeit und ihrer Anstellungsträger die Kenntnisse des durchschnittlichen Berufsanfängers über elementare gesetzliche Bestimmungen (insbesondere JWG, BSHG, Familienrecht) und seine Fähigkeiten zur selbständigen Anwendung dieser Vorschriften - trotz deutlicher Verbesserungen im Laufe der letzten Jahre - noch nicht zufriedenstellend. Ähnliche Vorbehalte werden geäußert, wenn es um Kenntnisse der öffentlichen Verwaltung, Verständnis für Verwaltungsabläufe und organisatorische Strukturen und Regelungen sowie Vertrautheit mit elementaren Verwaltungstechniken (z. B. Berichterstattung, Aktenführung) und Kenntnisse des Finanz- und Haushaltswesens geht."[113]

In den Aufbaujahren von 1969 bis 1972 erfolgte eine ungeheure Expansion der Ausbildungskapazitäten, die von einer Vervierfachung der Studentenzahlen begleitet wurde. Inhaltlich hat sich in der Ausbildung durch die Umwandlung nicht viel verändert. Die Fächervielfalt der Höheren Fachschulen war an die Fachhochschulen weitgehend weitergegeben worden.

Pfaffenberger stellte fest, dass Stoffüberfülle und Fächervielzahl geblieben seien:

"Die Zahl der üblichen 10 oder 11 Unterrichtsfächer der Höheren Fachschule ist offensichtlich trotz mancher Umbenennungen und Umgruppierungen auch an den Fachhochschulen nicht wesentlich verändert worden. Dieses Problem wird natürlich bei wissenschaftlichem Studium gegenüber der reinen Berufsausbildung noch verschärft. Wenn wir davon ausgehen - und ich glaube, der Anspruch, wissenschaftlich auszubilden, muss davon ausgehen -, dass Qualität und Quantität weithin reziproke Größen sind, dann müssen Fächerzahl und Stundenzahl in dem Augenblick, wo die Ausbildung auf wissenschaftliches Niveau gehoben werden soll oder Anspruch erhebt, wissenschaftlich zu sein, drastisch gesenkt werden, um die Studenten für fruchtbares Eigenstudium und Vertiefung in die Wissenschaft freizumachen."[114]

Zu der Fächervielzahl der Höheren Fachschulen gehörten: Psychologie, Pädagogik, Heilpädagogik, Gruppenpädagogik, Didaktik/Methodik, sozialpädagogische Übungen, Jugendhilfe, politische Wissenschaft, Musik, Rhythmik, Mengenlehre, Spiel und Tanz, Werken, Sport, Religionspädagogik und Fremdsprachen.[115]

Der Fächerkatalog heutiger Fachhochschulen umfasst Didaktik/Methodik der Sozialarbeit/Sozialpädagogik, Psychologie, Soziologie, Politikwissenschaft einschließlich Sozialpolitik, Recht, Sozialmedizin einschließlich Psychopathologie, Medienpädagogik, Erziehungswissenschaft, Verwaltung und Organisation, Sozialphilosophie und Sozialethik, Heil- und Sonderpädagogik, Arbeits- und Berufspädagogik.

So nachvollziehbar diese Forderung Pfaffenbergers nach Reduzierung von Stoff und Fächern auch sein mag, so kann auch festgestellt werden, dass die Fachhochschulen nicht als wissenschaftliche, sondern als sogenannte anwendungsbezogene Hochschulen gegründet wurden, die eben nur ein Studium auf wissenschaftlicher Grundlage anbieten.[116] Der Anspruch, eine wissenschaftliche Ausbildung zu vermitteln, wird nirgendwo erhoben. Im Gegenteil: Durch die Errichtung der Fachhochschulen wurde die Unterscheidung zwischen wissenschaftlichen und anderen Hochschulen eingeführt.

Es bleiben die inhaltliche Überfülle und die zu große Fächerzahl an den Fachhochschulen bestehen. Dies zeugt von den wenig entwickelten curricularen und didaktischen Konzeptionen der Studienreform.

Die Ausbildung zum Sozialpädagogen und Sozialarbeiter erfolgt in ca. 50 Fach- und Gesamthochschulen innerhalb unterschiedlicher Organisationsformen:

- an Fachhochschulen für Sozialwesen (überwiegend kirchliche Ausbildungsstätten (15), außerdem in Baden-Württemberg und Berlin,

- als Fachbereich Sozialwesen (15) oder auch getrennt nach Sozialarbeit und Sozialpädagogik (14) an Fach- und Gesamthochschulen,

- als Fachbereich, Studiengang oder Ausbildungsrichtung, zum Teil integriert, an Gesamthochschulen (z. B. Kassel, Siegen, Essen).[117]

Obwohl Hochschulen in der Bundesrepublik Deutschland fast ausschließlich staatliche Körperschaften des öffentlichen Rechts sind, bildet die Ausbildung der Sozialpädagogen/Sozialarbeiter insofern eine Ausnahme, als 15 Fachhochschulen von der evangelischen (9) oder katholischen Kirche (6) getragen werden. Außerdem besteht ein Studiengang Sozialwesen an der Katholischen Hochschule Eichstätt.

Fachhochschulen sehen im Gegensatz zu Universitäten ihren Bildungsauftrag stärker im Bereich der anwendungsbezogenen wissenschaftlichen Ausbildung. Die Lehrverpflichtung der Dozenten ist höher als an Universitäten und die Forschungsmöglichkeiten sind beschränkt.

Wie bereits erwähnt, gibt es eine Vielzahl unterschiedlicher Ausformungen innerhalb der Fachhochschulstudiengänge. Ein markanter Unterschied liegt in der Differenzierung von "einphasigen" und "zweiphasigen" Studiengängen.

In den einphasigen Studiengängen wird ein Jahr praktischer Tätigkeit in den Arbeitsfeldern sozialer Arbeit vorausgesetzt, das die Grundlage der staatlichen Anerkennung bildet. Dieses Praxisjahr wird in Form von zwei Praxissemestern in das Studium integriert. Hierbei handelt es sich in der Regel dann um achtsemestrige Studiengänge, was eine für Fachhochschulen relativ lange Regelstudienzeit ist. Das Praxissemester wird entweder in das 5. und 6. Studiensemester (z. B. Bayern), oder in das 3. und 6. Studiensemester (z. B. Baden-Württemberg) integriert. Die Studenten bleiben während der Praxisphase an der Fachhochschule immatrikuliert. Das hat zur Konsequenz, dass auch während der Praxisphase die Ausbildung bei den Fachhochschulen und nicht bei den Anstellungsträgern bleibt. Das einphasige Modell schließt mit dem Diplom und gleichzeitiger staatlicher Anerkennung ab.

Diese Studienform wird an allen Fachhochschulen und Fachbereichen in Bayern, Baden-Württemberg, im Saarland (hier existiert nur die Katholische Fachhochschule Saarbrücken) sowie zweimal in Hessen und einmal in Nordrhein-Westfalen durchgeführt.

Daneben steht die zweiphasige Ausbildung, die in der Regel 6 Semester dauert. Das Studium endet mit der Erlangung des Diploms, womit die Ausbildung aber noch nicht abgeschlossen ist, da ein anzuschließendes Berufsanerkennungsjahr ein Teil der Ausbildung ist. Damit haben die Anstellungsträger der Institutionen die Aufsicht über einen Teil der Ausbildung.

Die zweiphasige Fachhochschulausbildung im Sozialwesen wird wesentlich häufiger praktiziert als das einphasige Studium.

Inwieweit die neuen Master-Studiengänge und der Baccelorabschluss die inhaltliche und formale Gestaltung der Hochschulen für Soziale Arbeit beeinflussen wird, ist derzeit noch nicht abzuschätzen.

Zusammenfassend kann festgestellt werden, dass das Ausbildungssystem in der sozialen Arbeit sehr vielfältig ist. Eine zusätzliche Problematik besteht durch die Heterogenität der Ausbildung, die sich dadurch nicht eindeutig einer Berufsgruppe zuordnen lässt und somit auch keine klar abgrenzbaren berufsspezifischen Kompetenzen vermittelt. Sozialpädagogik/Sozialarbeit ist somit überwiegend eine von "außen bestimmte" Profession.

2.4 Neue und alte Ausbildungsprobleme in der sozialen Arbeit

Im nachfolgenden zeige ich eine Reihe von typischen Problemstellungen auf, die den Studiengang Sozialarbeit/Sozialpädagogik im Hinblick auf ein Ausbildungskonzept schon immer geprägt haben:[115]

- Die Ausbildung soll zu einer Praxistätigkeit in vielen verschiedenen sozialen Berufsfeldern befähigen, das jedoch ohne ein einheitliches Berufsbild. Zudem muss in Frage gestellt werden, ob dies in einem sechssemestrigen Studiengang überhaupt möglich ist. Eine einheitliche Ausbildung wurde zwar immer angestrebt, aber die Frage nach der Schwerpunktbildung und Spezialisierung im Sozialwesen war stets aktuell und der Lernprozess war nie mit dem Ausbildungsende abgeschlossen. Die Klagen der Praxisvertreter über mangelnde Kenntnisse bei Berufsanfängern und die damit einhergehende Kritik an den Ausbildungsstätten begleiten die Ausbildung seit ihrer Gründung.

- Die alten Sozialschulen stellten sich die Frage, ob ein möglichst breites Wissen (bezogen auf die Gegenwartsaufgaben) zu vermitteln ist oder ob das Ausbildungsziel mehr in einer "sozialen Bildung" zu sehen ist, die auf die Befähigung zu selbständigem Denken und Urteilen abzielt. Oelschlägel[119] spricht heute von einem "allgemeinen Arbeitsvermögen" des Sozialarbeiters als der Fähigkeit zur Reflexion.

- Die Vermittlung von theoretischen Inhalten muss mit praktischen Ausbildungselementen gekoppelt werden. Dabei war und ist nicht nur die Frage nach der Gewichtung von Theorie und Praxis zu klären, sondern auch die Zuordnung zueinander und die Abgrenzung beider Ausbildungsansätze.

- Die zu vermittelnden theoretischen Grundlagen entstammen verschiedenen wissenschaftlichen Disziplinen, die auf ein Ausbildungsziel zugeschnitten sind und möglichst miteinander integriert werden müssen. Erste Untersuchungen hierzu wurden in der Bundesrepublik Deutschland von Lowy und Bock[120] schon 1974 durch ein Lehrplanentwicklungsprojekt für Sozialarbeiter/Sozialpädagogen durchgeführt. Die Schlussfolgerungen dieser Untersuchung zeigen den Wunsch der Studierenden und Dozenten, den integrativen Aspekt des Studiums der

Sozialpädagogik/Sozialarbeit stärker als bislang in das Studium einzubinden.

- Die "persönliche Eignung" für den sozialen Beruf war ein Kriterium der Aufnahme in eine Sozialschule und wird auch heute noch von der Landesarbeitsgemeinschaft der öffentlichen und freien Wohlfahrtspflege in Nordrhein-Westfalen als wesentlich angesehen.[121] Allerdings wird diese Einsicht nicht umgesetzt.

An einigen Fachhochschulen (z. B. an der Katholischen Fachhochschule Nordrhein-Westfalen, der größten nichtstaatlichen Fachhochschule in Nordrhein-Westfalen) wurden bis 1974 intensive Bewerberseminare mit Gruppen- und Einzelgesprächen durchgeführt, um die persönliche Eignung festzustellen.

Die Entwicklung des Professionalisierungsprozesses hat in seiner historischen Dimension nicht zu einer Überwindung charakteristischer Probleme dieser Ausbildung geführt. Im Vergleich der sozialen Ausbildung von "früher" und "heute" muss festgestellt werden, dass in allen Stadien der Entwicklung sozialer Ausbildung gleiche oder wenigstens vergleichbare Fragen die beteiligten Ausbildungs- und Praxisvertreter immer wieder beschäftigen, ohne bislang gelöst zu sein.

Die überaus schwungvollen Anfänge sozialer Ausbildung fanden durch die Nationalsozialisten ihr vorläufiges Ende. Hier liegt die Erklärung des Bruches in der konzeptionellen Ausrichtung sozialer Ausbildung in Deutschland. Nach dem 2. Weltkrieg wurde die amerikanische Sozialarbeit auf deutsche Verhältnisse übertragen. Die Gedanken der Gründerinnen der Sozialschulen wurden somit nicht kontinuierlich weitergeführt.

Zwei der wesentlichen Fragen seit der Gründung der Sozialschulen waren die Frage nach der Persönlichkeitsentwicklung der Auszubildenden und die Frage, welche Kompetenzen eine Sozialarbeiterin zur Berufsausübung benötigt.

3 Anforderungen an den Sozialarbeiter/Sozialpädagogen

Drei Grundprobleme werden innerhalb der sozialpädagogischen Kompetenzdiskussion unterschieden:[122]

1. das Zusammenleben im Alltag mit Klienten,
2. die Entwicklung von Angeboten, die von den Klienten freiwillig angenommen werden,
3. die Ausführung und Verwaltung von gesetzlich vorgeschriebenen Eingriffen und Leistungen mit Sicherung der Kooperation der Beteiligten.

zu 1)

Sozialarbeiter/Sozialpädagogen mit Erziehungsaufgaben müssen in der außerschulischen Sozialisation (wie in Kindergärten oder in Heimgruppen und Wohngemeinschaften) das Zusammenleben mit ihren Klienten in einem gemeinsamen Alltag bewältigen.

zu 2)

In Beratungs- und Dienstleistungsinstitutionen müssen die Sozialarbeiter/Sozialpädagogen imstande sein, spezielle Angebote für bestimmte Klientengruppen zu machen. In der offenen Jugendarbeit und in gemeinwesenorientierten Tätigkeiten müssen Angebote entwickelt und vorgestellt werden, die in Zusammenarbeit mit der Klientel entstehen.

zu 3)

Wo Sozialarbeiter/Sozialpädagogen ausführende Organe staatlicher Einwirkung sind, durch die Klienten unmittelbar betroffen sind, ist der Umgang mit Gesetzes- und Verwaltungsmacht das Grundproblem. Hier kollidiert der Anspruch der Freiwilligkeit von Beratung mit dem Zwang durch Verwaltungsvorschriften, Verordnungen und Gesetze.

Diese Ansprüche müssen in unterschiedlicher Gewichtung in verschiedenen Praxisfeldern grundsätzlich bewältigt werden. Diese Grundanforderungen führen zu der Qualitätsfrage: Es geht nicht darum, ob diese Probleme bewältigt werden, sondern darum, wie sie bewältigt werden.

Die fachliche und politische Auseinandersetzung über Qualifikationsanforderungen der sozialen Arbeit lässt sich auf folgende Grundprobleme fokussieren:

- Es besteht die Sorge, dass eine zunehmende "Kopflastigkeit" der sozialpädagogischen Ausbildung zur "Praxisferne" führt. Man erhebt die Forderung nach der Beherrschung von Handwerkszeug[123] für die Bewältigung sozialer Arbeit.

- Sozialpädagogisches Handeln lässt sich nicht auf gekonntes Handwerk allein reduzieren. Es muss auch gelernt werden reflexiv zu arbeiten und erforderlichenfalls veränderbare Ansätze sozialer Arbeit zu erarbeiten.[124]

Beide Interpretationen sozialer Arbeit gehen, wenn sie einseitig angewendet werden, zu Lasten einer kritischen Praxis mit "handwerklichem" Verständnis. Sozialarbeiter und Sozialpädagogen benötigen zur Ausübung ihrer Tätigkeit methodische Grundlagen nicht als Regelwerk, sondern als Hilfsmittel zu einer interpretativen Darstellung der Praxis.

Unbestritten in der Kompetenzdebatte sind die Forderungen

- nach Alltagskompetenzen (vom Organisieren von Festen und lebenspraktischen Angelegenheiten bis hin zur Befähigung, zwischenmenschliche Probleme zu lösen),

- nach abfragbarem Repertoire an musischem, medienpädagogischem und speziellem Beratungswissen der Sozialpädagogen/Sozialarbeiter,

- nach Kenntnissen für das Verwalten und Ausführen staatlicher Leistungen (Gesetzes- und Verwaltungskenntnis).

Lau und Wolff[125] fordern eine Beendigung der Kompetenzdebatte, da die Kompetenzmodelle in ihrer Reichweite beschränkt sind. Die Autoren sind der Ansicht, dass sich Kompetenzmodelle nur sehr begrenzt als Handlungsanleitungen für die Bewältigung sozialarbeiterischer Praxis eignen, weil sie nur einen Teil der Arbeitssituation in den Blick bekommen.

Müller[126] kritisiert diese Ausführungen, da Lau und Wolff den praktischen Sinn jeder Theorie bezweifeln.

In dieser Kontroverse zeigt sich die Abgrenzung von Theorie und Praxis. Beide Standpunkte sind bis heute nicht zu einer notwendigen Neubestimmung der sozialen Arbeit als gesellschaftliche und methodische Praxis verbunden worden.

Gerade deswegen muss sich die Frage nach qualifiziertem sozialpädagogischen Handeln wie folgt stellen:

Wie lassen sich die gekonnten Fähigkeiten (Methoden als Handwerkszeug) mit der reflexiven Fähigkeit verbinden?

Die Klärung dieser Frage kann nur im Zusammenhang von Theorie und Praxis geklärt werden.

Von sozialpädagogischer Kompetenz kann gesprochen werden, wenn jemand die Kenntnisse, Fertigkeiten und Einstellungen hat, die man benötigt, um einen bestimmten Aufgabenbereich seines Tätigkeitsfeldes zu bewältigen.

In Studienordnungen wird Qualifikation als "Erwerb von Handlungskompetenz" auf der Grundlage wissenschaftlicher Erkenntnis und berufsspezifischer Methoden verstanden.

Es soll also eine Fähigkeit (Kompetenz) erworben werden, die sich als praktische Realisierung (Handeln) ausdrückt.

Die Klage über die mangelhafte Fähigkeit, das im Studium Erlernte in die Praxis umzusetzen, ist in vielen Disziplinen bekannt. Umso notwendiger ist die Beantwortung der Frage der Kompetenzentwicklung und des Transfers dieser Entwicklung in die Praxis der Sozialpädagogen.

Die Lösung dieses Problems kann nicht nur durch die Erweiterung von Lerninhalten geschehen. Es erfordert vielmehr eine Verlagerung des Ausbildungsziels von der ausschließlichen Vermittlung gültiger Wissensstoffe in verschiedenen Fachgebieten hin zur Entwicklung persönlicher Handlungs- und Entscheidungskompetenz im Beruf.[127] Im Bereich des Studienganges Sozialwesen ist hier die Fähigkeit zur Reflexion gemeint, als das "allgemeine Arbeitsvermögen" des Sozialarbeiters/Sozialpädagogen.

Als Möglichkeiten eines praxisnahen Studiums sieht die Landesarbeitsgemeinschaft[128] die Verbindung von Lerninhalten mit Problemstellungen aus der Praxis:

> Lehrinhalte können unmittelbar ein Handlungsfeld des Sozialwesens betreffen und auf dieses anwendbar sein.
>
> Andere Lehrinhalte erhöhen die berufliche Kompetenz indirekt, indem sie generelle Fähigkeiten vermitteln oder zunächst die Persönlichkeitsentwicklung der Studierenden zum Ziel haben.
>
> Die Beziehung von Lehrinhalten und Praxisproblemen kann eher praxisbestätigend oder eher praxisverändernd sein. Das Sozialwesen ist sowohl auf fachliche Begründungen für bestehende Institutionen, Handlungsformen und Zielsetzungen als auch auf Impulse zur Reform des Handlungsfeldes angewiesen.
>
> Die Beziehung kann technologische oder orientierende Funktion haben.
>
> Die Beziehung kann Einzelsachverhalten oder eher generellen Aspekten dienen.

Die Landesarbeitsgemeinschaft weist auf die relative Vielfalt der Standpunkte hin und erwartet davon eine Erhöhung der Dynamik zur Entwicklung des Sozialwesens als Praxis- und Ausbildungsbereich.

Gleichzeitig setzt die Landesarbeitsgemeinschaft keine Akzente, die für die Vermittlung ihrer Ausbildungsinhalte bzw. Ausbildungsziele hilfreich wären.

Wie in vielen Veröffentlichungen zur Kompetenzentwicklung und in Empfehlungen zur Gestaltung des Studiums der Fachrichtung Sozialwesen

(Sozialarbeit, Sozialpädagogik) wird auch hier die didaktisch/methodische Umsetzung ihrer Ziele nur unklar oder gar nicht beschrieben.

Umso notwendiger wird eine klare Akzentuierung von entwickelbaren Kompetenzformen, die individuell, das heißt auf die Persönlichkeit des Sozialarbeiters/Sozialpädagogen bezogen sind. Es geht hierbei nicht um die Neubelebung von Schlagwörtern wie "Alltagsorientierung", "Neue Fachlichkeit", "Betroffenen-Orientierung", sondern um die Integration grundlegender Kompetenzen als ganzheitliches Modell. Das ganzheitliche Modell ist die Verbindung von formaler, emotionaler, sozialer Kompetenz und Beziehungskompetenz. Das soll einen "Typen" sozialpädagogischer Qualifikation ausmachen, der im Sinne einer "neuen Professionalität" Lernsituationen und Lernprozesse ganzheitlich verbindet und somit die Praxissituation mit Einzelnen, in Gruppen und im Gemeinwesen bewältigen kann.

Der Erwerb von Kompetenz bedeutet, über eher zufälliges Alltagshandeln hinaus eine durch Reflexion, Erfahrung und Training gestützte Handlungsfähigkeit zu entwickeln.

Die Vielfalt des Praxisfeldes lässt eine Spezialisierung im Einzelfall zu, aber für das breite Spektrum sozialer Arbeit sind allgemeine Kompetenzen nötig. Diese Kompetenzen sollen einen kommunikativen Rahmen schaffen für die Entstehung sozialer Kontakte (Beziehungsaufbau). Gleichzeitig sollen Einzelprobleme der Klienten im Entstehungszusammenhang gesehen und bewältigt werden.

3.1 Das Praxisfeld der sozialen Arbeit

Indem sich unsere Gesellschaft veränderte, änderten sich auch die sozialen Probleme. Der Sozialarbeiter der 50er Jahre war in erster Linie jemand, der sozial Schwachen und sozial bedürftigen Kranken half.

Heute geht es zwar auch um Hilfen in materiellen Notlagen, aber der Empfängerkreis sozialer und sozialpädagogischer Hilfen beschränkt sich nicht mehr auf bestimmte Schichten, Gruppen und Einkommensverhältnisse. Die Sozialarbeit bietet Unterstützung in psychosozialer Not und gibt psychosoziale Hilfen. Sie bietet also eher mitmenschliche Hilfen für den in seiner Beziehung gestörten Menschen, für den sozial Isolierten als Einzelnen und für Gruppen und Gemeinwesen.

Sozialarbeiter und Sozialpädagogen sehen sich selbst in der Rolle eines Helfers, Vertrauten oder Beraters.

Das zeigt sich klar am Beispiel der an Bedeutung gewonnenen Beraterfunktion der sozialen Arbeit.

Von sozialer Arbeit kann man sprechen,

> "wenn das Problem und die Notlage eines Menschen nicht bloß jeweils als eine psychologische, medizinische, rechtliche, monetäre Angelegenheit begriffen und behandelt wird (dann wäre sie am besten bei den entsprechenden Fachkräften aufgehoben), sondern als eine zugleich persönliche und gesellschaftliche Angelegenheit."[129]

Anders ausgedrückt hat die soziale Arbeit einen doppelten Auftrag zu erfüllen, indem sie zwischen den individuellen Voraussetzungen und Bedürfnissen ihrer Klienten einerseits und den gesellschaftlichen Ansprüchen, Möglichkeiten und Grenzen andererseits vermitteln soll.

Qualifikationen für diesen Bereich werden durch Methoden im Sinne von geregelten Verfahren vermittelt. So kann der Sozialarbeiter/Sozialpädagoge Rechtskenntnisse anwenden und Akten führen. Diese unbestritten wichtigen Tätigkeiten können den Blick auf den Umgang mit Menschen in Notlagen und den Umgang mit schwierigen Alltagssituationen verdecken. Das verlangt primär eine andere Qualifikation, eine ganzheitlich (im Sinne der Integration von formaler -, sozialer Kompetenz und Beziehungskompetenz und emotionaler Kompetenz) angelegte Kompetenz, die dem Sozialarbeiter/Sozialpädagogen innerhalb seines Beschäftigungssystems Möglichkeiten zur Bewältigung von problematischen Alltagssituationen gibt.

Die Zentrierung des professionellen Handelns auf die Beratung der Adressaten wird deutlich in den Ergebnissen einer Trägerumfrage. Diese dokumentiert, dass ca. 69 Prozent des beruflichen Zeitbudgets auf Sozialkontakte entfallen. 46 Prozent der Arbeitszeit verbringt der Sozialarbeiter/Sozialpädagoge dabei mit Klienten und 22 Prozent mit Kollegen, Vertretern anderer Dienststellen etc.. Nur etwa 31 Prozent seiner

Zeit verbringt ein Sozialarbeiter/Sozialpädagoge durchschnittlich mit nicht klientenbezogenen Tätigkeiten.[130]

Das heißt, dass soziale Vorgänge den größten Zeitanteil einnehmen. Untersucht man dann die von Klapprott angegebene Zusammensetzung von Klientengruppen, wird deutlich, dass die Sozialarbeiter/Sozialpädagogen sich zum überwiegenden Teil mit einem Klientel befassen müssen, das als problematisch bezeichnet werden kann. Für diese Klienten fühlen sie sich nicht oder nur unzureichend vorbereitet.

Zur Verdeutlichung einige Zahlen aus Klapprotts[131] Untersuchung:

Die angegebenen Prozentzahlen beziehen sich auf den Anteil an Arbeitsplätzen, von denen aus eine oder mehrere der beschriebenen Klientengruppen betreut wird,

- Belastete (63%): Verhaltensauffällige Kinder und Jugendliche; unterprivilegierte Kinder und Jugendliche; delinquente Kinder und Jugendliche; ausländische Kinder und Jugendliche,

- Diskriminierte (49%): Asylanten; Obdachlose; Nichtseßhafte; Spätaussiedler; arme Leute/Familien; Gastarbeiter; alte Leute,

- Kinder/Jugendliche allgemein (46%): Jugendliche allgemein; Schüler allgemein; Kinder allgemein,

- Familien/Mütter (46%): Partnerschaften/Familien; Mütter und Alleinerziehende; Adoptiv-/Pflegemütter/-Eltern/-Kinder; Eltern allgemein; misshandelte Frauen; Erwachsene allgemein,

- Resozialisanden (42%): Drogenabhängige; Alkoholiker; sonstige Suchtkranke; Strafgefangene; Strafentlassene,

- Rehabilitanden (38%): Sinnesbehinderte; Sprachbehinderte; Körperbehinderte; Geistigbehinderte; sonstige Kranke; psychisch Kranke.

Der Vorrang persönlicher Hilfen gegenüber materiellen Hilfen wird von Klüsche in einer Analyse von Erwartungen und Bedingungen in Arbeitsfeldern der Sozialarbeit und Sozialpädagogik bestätigt.[132] Eine Frage seiner Untersuchung lautete: Wo sehen Sie den größten Hilfebedarf für Ihre Klienten?

30,5% der Befragten (n = 269) sahen Hilfen zur Lebensführung (Lebensbewältigung) und 28,2% das Beziehungs- und Vertrauensangebot als wesentlichsten Hilfsbedarf ihrer Klienten an. Die Sozialarbeiter/Sozialpädagogen gaben an, dass nur 13,7% ihrer Klienten finanzielle Hilfen erwarten.

Hinzu kommt nach Angaben der Sozialarbeiter/Sozialpädagogen die zu leistende Krisenintervention, die bei 70% der Befragten (n = 288) wöchentlich mindestens einmal vorkommt.

Nur ein kleiner Teil der Sozialpädagogen/Sozialarbeiter sieht sich selbst in einer distanzierteren Position, als Kontrolleur, Experte oder sogar als Gegner der Klienten. Aus diesen Selbstbeschreibungen von Sozialarbeitern/Sozialpädagogen wird deutlich, dass die meisten die Beziehungsgestaltung als wichtigstes Element professioneller Sozialpädagogik ansehen.[133]

Wenn diese Aussagen für einen großen Teil der Sozalarbeiter/Sozialpädagogen Gültigkeit besitzen, so können Hilfeangebote nicht nur als programmatische Abläufe geplant werden, denn in einer instrumentalisierten und verwalteten Form der Hilfe wird nicht nach dem konkreten Bedürfnis des Klienten gefragt.

"Dies ist eine Form von Entfremdung sozialer Arbeit, für die therapeutische Erklärungsmodelle zu kurz fassen"[134]

beschreibt Hege. Sie folgert daraus, dass der Sozialarbeiter über die Fähigkeit und Möglichkeit der Selbstreflexion verfügen muss, um sich auch als Subjekt in der Kommunikation wahrnehmen zu können. Diese reflexive Kompetenz wird als Fähigkeit des Sozialarbeiters verstanden, die eigene Entwicklung in ihrer Prägung nicht zu verlieren oder zu leugnen, sondern in das berufliche Handeln zu integrieren.

Dazu gehören neben den subjektiven Erfahrungen der individuellen Lebensgeschichte die Reflexion der Herkunftsfamilie mit ihren Normen und Werten und die institutionellen Zwänge, die das Handeln im Praxisfeld beeinflussen.

3.2 Formale Kompetenz

Die formale Kompetenz des Sozialarbeiters/Sozialpädagogen umfasst wissenschaftlich fundierte Grundkenntnisse und ein vertieftes Verständnis des schwerpunktmäßig studierten Arbeitsfeldes verbunden, mit praktischen Erfahrungen in diesem Bereich.

Um sich mit der sozialen Arbeit auseinander setzen zu können, beinhaltet die formale Kompetenz als Grundlagenwissen Recht, Soziologie, Pädagogik, Psychologie, Ethik usw. Diese formalen Bildungsinhalte sind kognitiv erlernbar.

Hierzu gehört die Kenntnis der Lebensbedingungen von Klienten und die Kenntnis wissenschaftlicher Erklärungsmodelle individueller und gesellschaftlicher Sozialisation innerhalb einer Gesellschaftsstruktur. Zugleich gehört dazu die Kenntnis der gesellschaftlichen Bedingungen, die zur Aussonderung führen, sowie die Kenntnis der rechtlichen Rahmenbedingungen des jeweiligen Praxisfeldes.

Diese Kompetenz ist auf Wissen, Techniken und normative Orientierung ausgerichtet, welche für den Bereich der Administration und Sozialbürokratie auch notwendig sind.

Allerdings ist dabei zu beachten, dass es nicht darum gehen kann, einen "sozialtechnisch ingenieurhaft orientierten Professionalisierungstyp"[135] durch die Ausbildung hervorzubringen (siehe auch die Einführung). Der Sozialpädagoge/Sozialarbeiter, der ausschließlich wissenschaftlich ausgebildet ist, kann nicht den Anforderungen der Praxisfelder gerecht werden.

Das Praxisfeld der sozialen Arbeit und die sich daraus ergebenden Anforderungen an den Sozialpädagogen/Sozialarbeiter sind bereits ausführlich im Kapitel 3.1 dargestellt worden.

3.3 Soziale Kompetenz/ Beziehungskompetenz

Unter sozialer Kompetenz kann die Fähigkeit zur Beziehungsaufnahme und zur Beziehungsgestaltung verstanden werden. Soziale Kompetenz qualifiziert den Sozialarbeiter/Sozialpädagogen zum Umgang mit Klienten unter Berücksichtigung des psychosozialen Umfeldes. Gleichzeitig qualifiziert soziale Kompetenz zum Umgang mit der eigenen Persönlichkeit des Sozialarbeiters/Sozialpädagogen.

Wendt[136] bezeichnet die soziale Kompetenz als nichtprofessionelle Befähigung, ordnet sie aber als Qualifikation für Sozialarbeit ein. Wie in anderen Veröffentlichungen zur Theorie und Praxis der Sozialarbeit/Sozialpädagogik bleibt auch bei Wendt die praktische Umsetzung der Qualifikationsforderung offen.

Demgegenüber steht die Auffassung, dass gerade die soziale Kompetenz (wie auch die formale -, emotionale Kompetenz und Beziehungskompetenz) Grundlage professionellen Handelns ist.

Das primäre Aufgabenfeld der sozialen Arbeit liegt in der Mittlerfunktion zwischen Klient und gesellschaftlichem Umfeld, bzw. anderen sozialen Berufsgruppen. Die Sozialarbeiter/Sozialpädagogen arbeiten direkt mit Einzelnen, Familien, Paaren oder Gruppen. Sie erziehen, bilden, informieren und beraten, sie vermitteln, vertreten, organisieren und kooperieren. Diese vielfältigen Aufgaben verlangen ein Kompetenzprofil, das der unmittelbaren sozialen Arbeit mit Klienten angemessen ist.

Soziale Arbeit findet im direkten Umgang mit Personen, die Hilfe benötigen oder suchen, statt. Die soziale Arbeit ist somit auch immer eine interaktionelle Arbeit.

Nieke[137] sieht in der pädagogischen Handlungskompetenz eine grundlegende professionelle soziale Kompetenz.

Die soziale Kompetenz nimmt allerdings einen vergleichsweise geringen Platz innerhalb der Kompetenzdiskussion ein, obwohl die sozialpädagogische Interaktion neben verbaler und nonverbaler Kommunikation auch soziales Handeln beinhaltet. Dies betrifft das Handeln bzw. die Auseinandersetzung mit sich selbst, wie auch ein auf Klienten gerichtetes Handeln.

Der Sozialarbeiter/Sozialpädagoge ist in einem Handlungsgeschehen immer auch Objekt und Subjekt. Das erfordert in der Interaktion mit Klienten, in Institutionen und im Praxisfeld allgemein neben dem theoretischen Wissen auch Kommunikations- bzw. soziale Kompetenz.

Anders ausgedrückt beinhaltet die soziale Kompetenz vor allem die Befähigung zum Handeln in der Interaktion mit Klienten.

Professionalisierung der Sozialarbeit/Sozialpädagogik richtet sich weniger auf "operatives Rezeptwissen"[138] als auf fachliche Einstellungen und flexible Deutungsfähigkeiten.

> "In der intermediären "Vermittlung" zwischen Expertenkulturen und -wissen und alltagsweltlichen Deutungen kann eine "intermediäre Rolle der Sozialarbeit" als der Kernbestandteil einer "alternativen Professionalisierung" betrachtet werden, indem eine "Rückbeziehung von Expertenwissen" auf alltagsweltliche Deutungs- und Handlungsmuster stattfindet, so etwa die neueren Einsichten"[139]

Folgerichtig schließt Ferchhoff daraus, dass im Kontext einer solchen Neuorientierung von Sozialarbeit/Sozialpädagogik die interaktionsbezogenen Kompetenzdimensionen ihrerseits neu zu bestimmen wären.

Die vorliegende Arbeit will nicht, wie es bei Hanesch[140] formuliert ist, für die soziale Arbeit ein Aufgaben- und Kompetenzprofil schaffen, sondern eine methodische Hilfe (durch Sensitivity Training) zur Förderung dieser Kompetenzen beschreiben.

3.4 Emotionale Kompetenz

Emotionale Kompetenz ist wohl die am schwierigsten fassbare in der Auseinandersetzung mit sozialpädagogischen Kompetenzen.

Bei der selbstreflexiven oder emotionalen Kompetenz geht es um die Fähigkeit der Selbstreflexion auf die eigenen Motive und Kompetenzkapazitäten hin, also Kompetenzen, die auf emotionale und motivationale Komponenten der Identität Einfluss haben können.

Die emotionale (selbstreflexive) Kompetenz ist das zentrale Unterscheidungskriterium zwischen Alltagshandeln und sozialer Arbeit.

"Denn in einem qualifizierenden und ordnenden Sinne lässt sich über sozialpädagogisches Handeln nicht reden, ohne von der Reflexivität zu reden, die dieses Handeln begleiten und durchdringen soll."[141]

Gildemeister[142] spricht 1983 von der selbstreflexiven Kompetenz als wichtigster Voraussetzung sozialpädagogischer Arbeit.

Auch sehen Knüppel und Wilhelm[143] in der selbstreflexiven Kompetenz (neben der Theoriekompetenz) die zentrale Stellung einer allgemeinen sozialpädagogischen Handlungskompetenz.

Die Komplexität der Handlungsproblematiken im sozialen Praxisfeld kann das kognitiv-rationale und evaluative Vermögen des Sozialarbeiters/Sozialpädagogen übersteigen. Er reagiert mit einer inadäquaten Perspektivenverengung und distanziert sich von der Kommunikation mit seinen Klienten. Oder aber die permanente Überlastungssituation (energiemäßig oder moralisch) bewirkt beim Professionellen das Gefühl des Burnout.[144]

Problemlösungsstrategien, die schematisch angewendet werden, unterliegen zunehmend der Kritik. Die instrumentelle Methodenorientierung scheint in der Praxis zu versagen. In der Kritik der Methode wird deutlich, dass es für die soziale Arbeit möglicherweise Regeln der Erfahrung gibt, aber keine unmittelbare handlungsanleitende Theorie. Somit bleibt professionelles Handeln ein "Können", das sich zwar auf Wissen stützt, aber nicht nach dem Muster wissenschaftlicher Arbeit methodisierbar ist.

Die technische Seite der Professionalisierung (methodisch-praktische Skills) gibt der der Sozialarbeit/Sozialpädagogik eine von anderen Berufen abgrenzbare Eigenständigkeit und geht über das Alltagshandeln hinaus.

Hinzu kommt aber auch die hermeneutische Seite der sozialen Arbeit, die auf Verstehen und auf die helfende Beziehung von Professionellen und Klienten gerichtet ist.

Hier wird die emotionale Kompetenz zu einer der grundlegenden Kompetenzen in der helfenden Beziehung. Zum einen ermöglicht sie die Analyse wissenschaftlicher Konzepte und deren Überprüfung auf die soziale Arbeit hin, andererseits ermöglicht die emotionale Kompetenz auch die Überprüfung eigener emotionaler und motivationaler Gegebenheiten.

Zur sozialen Arbeit gehört die Fähigkeit eigene Bedürfnisse wahrnehmen zu können und eigene emotionale Erlebnisinhalte zu verbalisieren.

4 Umsetzungsprobleme im beruflichen Handeln der Sozialarbeiter/Sozialpädagogen

Sozialarbeiter/Sozialpädagogen sind mit einer Vielzahl von widersprüchlichen Anforderungen an ihre Person konfrontiert. So müssen sie:

- sich in einem diffusen Arbeitsfeld mit wenig konturierten Vorbereitungswegen und mit offenen Kontroversen über das berufliche Selbstverständnis zurechtfinden und dabei ihr Selbstbild eines "freundlich helfenden" Sozialarbeiters aufrecht erhalten,

- im Arbeitsalltag Hilfe anbieten und gleichzeitig Kontrolle ausüben, wobei sie mit der sich daraus ergebenden Spannung allein bleiben,

- sich direkt und unmittelbar mit der emotionalen Reaktion ihrer Klienten auf gesellschaftliche Benachteiligung auseinander setzen und müssen dies selbst bewältigen,

- Berufsarbeit in Nähe zum Alltagshandeln mit Chancen der Unmittelbarkeit und Gefahren der Verflachung ausüben, ohne über ausreichende Möglichkeiten zur (Selbst)-Reflexion und Supervision zu verfügen,

- das Dilemma, einerseits Lohnarbeiter mit dem Interesse der Qualifikation und Reproduktion der eigenen Arbeitskraft zu sein und andererseits in einem umfassend beanspruchenden und mit eigenen Idealen besetzten Arbeitsfeld zu stehen, aushalten und verarbeiten,

- Verhaltenserwartungen und Interessen des Anstellungsträgers, des Klienten und der eigenen Person in Einklang bringen.[145]

Diese Erwartungen und Selbstdeutungen sind nicht nur auf dem Wege über das Fachwissen zu erreichen, sondern aufgrund der Vielzahl von emotionalen und psychischen Problemen, Widersprüchen und Konflikten setzt dies ein Bewusstsein von sich selbst und somit Selbstreflexion voraus.

4.1 Theorie–Praxis–Probleme

Beim Übergang von der Ausbildung in die Praxisfelder ergeben sich Konflikte, die während der Ausbildung nur unzureichend durch ausschließlich theoretischen Wissenserwerb vermittelt werden können. So sind die Sozialarbeiter/Sozialpädagogen nach Abschluss ihrer Ausbildung konfrontiert mit Ansprüchen, die von Ferchhoff als Paradoxien beruflichen Handelns in der Sozialpädagogik bezeichnet werden.

Er sieht die Paradoxien als:

- Widerspruch zwischen persönlichem Engagement in der Hilfebeziehung und bezahltem Beruf,

- Widerspruch zwischen beruflich-professionellen Problemdefinitionen und den Alltagsdeutungen der Probleme,

- Widerspruch zwischen beruflich-professioneller Hilfe, Ehrenamt und Selbsthilfe,

- Widersprüchliche Situation in der Berufsausübung zwischen Organisation und Klient.[146]

Daraus schließt Ferchoff, dass diese Widersprüche nicht nur auf der methodisch-praktischen Ebene oder der Ebene berufsethischer Problemlösungsversuche behoben bzw. aufgelöst werden können.

Die Auseinandersetzung der Sozialarbeiter/Sozialpädagogen mit diesen Spannungen führt zu Problemlösungsversuchen, die sich niederschlagen in Berufsunzufriedenheit in den ersten Berufsjahren. Diese Unzufriedenheit entsteht durch das Auseinanderklaffen der durch die Ausbildung vermittelten eigenen Berufsvorstellungen und der Berufsrealität. Hinzu kommt die Anpassung an das institutionelle Arbeitsfeld und die Aufgabe der eigenen Ansprüche an die Arbeit. Bemerkenswert ist die Intention, Zusatzausbildungen in der Hoffnung anzustreben, dadurch später in einer klar strukturierten Situation ohne Kontrollfunktion arbeiten zu können.[147]

Die Nichtbeachtung dieser Probleme und Paradoxien führt dazu, dass gerade Berufsanfänger nach den ersten Jahren stark vom Burnout betroffen sind. Da aber

> "Lebensgeschichte, Berufsmotivationen und Berufserfahrungen der Studenten (...) in der Regel ebensowenig zum Gegenstand des Lernens (werden) wie die institutionellen Strukturen, die Kommunikations- und Kooperationsformen an der Fachhochschule selbst"[148]

sollte der Unterricht im Hinblick auf die Entwicklung reflexiver Kompetenz angeboten werden. Gerade die Berufsgruppe der Sozialarbeiter/Sozialpädagogen kann sich

> "nicht auf rationales Wissen und technische Fertigkeiten reduzieren."[149]

Diese Aussagen stellen ein aktuelles Konzept für die Weiterentwicklung der sozialen Berufe aus ganzheitlicher Sicht dar, in denen

> "Kommunikations- und Interaktionskompetenz (z. B. Empathie, Intuition, soziale Sensibilität, sowie emotionale Qualitäten wie Spontaneität, Kreativität, Geduld usw.) als den kognitiven oder technischen Berufselementen gleichberechtigt anzusehen"[150]

sind.

Gleichzeitig darf aber die Integration von Selbsterfahrung nicht zur "Klientifizierung" der Studenten bzw. der Sozialarbeiter/Sozialpädagogen führen.

Als Konsequenz für soziales Tun lässt sich somit

> "ein unaufgebbarer Anspruch zur Förderung breitangelegter Kommunikationsprozesse formulieren. Die gesellschaftliche Rolle des Sozialarbeiters und Sozialpädagogen wird ablesbar sein an dem Grad der Bewirkung kommunikativer Interaktionen."[151]

Hieraus lässt sich die Bedeutung von Selbsterfahrung zur Förderung kommunikativer Kompetenzen des Sozialarbeiters/Sozialpädagogen ableiten. Und das auch im Hinblick auf die Überwindung der Probleme der sozial Tätigen sowie im Hinblick auf die Lösung der Paradoxien sozialer Arbeit.

4.2 Das Burnout als Besondere Problemlage in helfenden Berufen

Die Motivation, einen sozialen Beruf zu ergreifen, ist nach der zentralen Hypothese Schmidtbauers der Wunsch, anderen Menschen zu helfen. Dieser Wunsch entsteht häufig auf der Basis einer frühkindlichen Konfliktsituation, die durch die Wahl eines helfenden Berufes relativ reif verarbeitet bzw. bewältigt wird. Nach Schmidtbauer[152] sind zentrale Konfliktbereiche:

- Die in früher Kindheit erlittene, meist unbewusste und indirekte Ablehnung seitens der Eltern, welche das Kind nur durch starre Identifikation mit dem anspruchsvollen elterlichen Über-Ich emotional durchzustehen versucht,

- die verborgene narzißtische Bedürftigkeit, teilweise Unersättlichkeit,

- die Vermeidung von Beziehungen zu Nicht-Hilfebedürftigen auf der Grundlage der Gegenseitigkeit des Gebens und Nehmens,

- die indirekte Äußerung von Aggressionen gegen Nicht-Hilfebedürftige.

Wellhöfer[154] zeigt anhand einer Untersuchung, dass Studenten aus dem Fachbereich Sozialwesen im Vergleich mit Studierenden anderer Fachbereiche ihre familiäre Situation (signifikant) häufiger belastend und weniger emotional-verständnisvoll beschrieben. Wellhöfer stellt die These auf:

Wenn das Helfersyndrom einen starken Einfluss auf das Berufswahlverhalten hat, müssten die Sozialwesen-Studenten in wesentlich stärkeren innerseelischen Konflikten bzw. Streßsituationen stehen als Studenten der Betriebswirtschaft bzw. Technik. Sie müssten mehr psychosomatische Störungen, eine stärkere Unzufriedenheit mit ihrem Leben, eine stärkere emotionale Erregbarkeit/Störbarkeit und insgesamt mehr Streßbelastung erleben als Studierende der nicht "sozialen" Studienfächer.

Im Ergebnis wurde deutlich, dass sich Studenten des Fachbereiches Sozialwesen unzufriedener mit dem Leben fühlen, Partnerbeziehungen werden weniger gut beschrieben, sie sind mit ihrem Studium/Beruf unzufriedener und beklagen ihren bisherigen Lebenslauf, sie sehen pessimistischer in die Zukunft, leben mit sich selbst stärker in Unfrieden, sind unausgeglichener, haben geringeres Selbstvertrauen und sind häufiger schlechter Laune als die untersuchten "anderen" Studenten.

So wird im Ansatz deutlich, dass Studierende durch ihre Sozialisation innerseelische Konfliktpotentiale mitbringen, die durch die Berufsausübung (unreflektiert) verstärkt werden und dann zum "Ausbrennen" (Burnout) führen können.

Den Begriff des Burnout beschreiben Aronson, Pines und Kafry[155] als "Überdruß-Syndrom". Gemeint ist ein Zustand körperlicher, geistiger und emotionaler Erschöpfung. Damit einher gehen verringertes Leistungsvermögen, eine allgemeine Arbeitsunzufriedenheit und die Tendenz zur Abgrenzung gegenüber Klienten.

Zum ersten Mal wird Burnout bei Bradley[156] erwähnt. Typisch für Burnout sind eine Reihe von Erscheinungsformen wie

- Distanzierungswünsche gegenüber Klienten,
- Hilflosigkeit,
- schwindendes Engagement,
- Depressivität,
- Erschöpfung
- Arbeitsunlust.

Vor allem zeichnet sich Burnout durch emotionale Erschöpfung aus. Sozialarbeiter/Sozialpädagogen fühlen sich häufig müde. Nach Maslach[157] beschränkt sich Burnout auf die Sozialberufe, Freudenberger[158] hingegen geht darüber hinaus und bezieht alle Menschen mit entsprechender Persönlichkeitsstruktur mit ein.

Burnout wird von Freudenberger und Richelson[159] als ein "Sich entleeren" beschrieben. Dadurch werden die eigenen körperlichen und seelischen Reserven erschöpft. Der Helfer zerstört sich selbst durch den Versuch, unter Aufbietung aller Kräfte unrealistische Erwartungen zu realisieren, die selbst gesetzt oder vom Normen- und Wertesystem der Gesellschaft aufgezwungen sind.

Burnout ist ein Syndrom von emotionaler Erschöpfung, Depersonalisierung und reduzierter persönlicher Leistungsfähigkeit, das bei Menschen auftreten kann, die mit Menschen arbeiten.

Die emotionale Erschöpfung zeigt sich in Niedergeschlagenheit und Hilflosigkeit. Im Extremfall kommt es zu suizidalen Gedanken. Familie und Freunde werden als Belastung empfunden. Unter geistiger Erschöpfung versteht man die negative Einstellung zum Selbst, zur Arbeit und zum Leben allgemein. Gefühle der Unzulänglichkeit und die Entwicklung dehumanisierender Einstellungen gegenüber Klienten nehmen zu, da deren Gedanken, Gefühle und Impulse nicht mehr wahrgenommen werden. Menschen werden nicht mehr als Individuen gesehen, sondern als Verursacher von Problemen. Arbeit wird gemieden, der Sozialarbeiter/Sozialpädagoge steht der Arbeit gleichgültig gegenüber, Konflikte nehmen zu.

Diese Symptomatik tritt in sozialen Berufen häufig auf. Das Gefühl der Unzufriedenheit wird zwar wahrgenommen, aber in seiner Ausprägung nicht reflektiert. Dieser Zustand wird auf andere Bereiche, die nicht die eigene Person betreffen, übertragen.

Maslach[160] hat dem Dehumanisierungsprozess des Klienten eine besondere Bedeutung beigemessen.

Sie geht besonders auf die Struktur der helfenden Beziehung ein.

In der Struktur der helfenden Beziehung werden vier Aspekte kritisch beleuchtet.

Der erste Aspekt wird als die Konzentration auf Probleme definiert. Der Sozialarbeiter/Sozialpädagoge konzentriert sich in seiner Arbeit auf normabweichendes Verhalten. Er erhält somit "negative Informationen" bezogen auf die Hilfsbedürftigkeit des Klienten. Dieser Zustand fordert die Aktivität des Helfers heraus. Der Helfer beseitigt die Probleme des Klienten. Seine eigene Person und die eigenen Überforderungstendenzen werden von ihm nicht beachtet.

Je mehr Klienten der Sozialarbeiter/Sozialpädagoge hat, umso mehr ist er durch Überbelastung gezwungen, sich nur auf die "negativen" Probleme zu konzentrieren. Dabei findet er keine Zeit, sich auf die positiven Aspekte der Gesamtpersönlichkeit des Klienten zu konzentrieren. Durch die permanente Konzentration auf die Schwachpunkte von Klienten kann sich eine eher negative oder zynische Sichtweise der menschlichen Natur entwickeln. Der Klient wird zwar routiniert versorgt, nach außen erscheint alles intakt, doch die Interaktion und die zwischenmenschlichen Beziehungen sind blockiert.

Der zweite Aspekt beinhaltet den Mangel an positiver Rückmeldung. Professionelles Handeln wird von Klienten als Selbstverständlichkeit angesehen, denn der Sozialarbeiter/Sozialpädagoge wird dafür bezahlt. Dank, Anerkennung oder Mitempfinden bleiben oft aus. Misserfolge werden eher beachtet als Erfolge. Der Sozialarbeiter/Sozialpädagoge erhält vorwiegend ein negatives Feedback.

Wenn ein Mensch in seinem Umfeld nicht oder nur selten positives Feedback erhält, fühlt er sich in seiner Person nicht an- oder wahrgenommen. Die Reaktion darauf kann unmittelbar die Nichtbeachtung des Klienten als Person sein. Wer ungelobt bleibt, lebt dauerfrustriert, Frustration kann Aggression erzeugen. Die Arbeit, die Institution, die Klienten und Kollegen leiden darunter.

Als dritten Aspekt in der Struktur der helfenden Beziehung sieht Maslach das Ausmaß an emotionalem Stress.

Die Arbeitsfelder von Sozialarbeitern und Sozialpädagogen sind so vielfältig, dass es schwierig ist, etwas Gemeinsames über ihre Belastung auszusagen. Deutlich wird jedoch, dass ein großer Teil der Sozialarbeiter/Sozialpädagogen Krisenintervention als zentrale Aufgabe sieht.[161]

Wird die Erkenntnis gewonnen, eine belastende Situation nicht verändern zu können, kann Zorn entstehen, der sich in Härte und Aggression gegenüber den Klienten deutlich macht.

Wenn der direkte Verursacher nicht ausgemacht werden kann, richtet sich der Zorn gegen Arbeitskollegen oder die Institution in ihrer Gesamtheit. Gleichzeitig kann sich die Frustration gegen Klienten richten. Der Kontakt wird vermieden, der Helfer beschäftigt sich nicht mehr mit ihm.

Der vierte Aspekt beinhaltet die Möglichkeit zur Veränderung oder Verbesserung. Scheinbar besteht keine Möglichkeit, an der konkreten belastenden Situation etwas zu verändern. Der Sozialarbeiter/Sozialpädagoge weist die Verantwortung dafür zurück. Er sieht die Problemursache mehr bei den Klienten als bei sich selbst und lastet sie ihnen an. Dadurch erfolgt eine Verstärkung der negativen Sicht bei dem Sozialarbeiter/Sozialpädagogen.

Fengler[162], der den Begriff der "Deformation" gebraucht, sieht die Bewältigung durch Psychohygiene, soziale Unterstützung und durch Supervision. Unter Psychohygiene versteht er die Sanierung von Störungen innerhalb der Gesellschaft. Soziale Unterstützung ist nach Fengler denkbar durch die Bildung von Selbsthilfegruppen. Supervision sieht er als Hilfestellung für Helfer durch Helfer. Bei Fengler ist zu bemerken, dass die Auseinandersetzung mit Burnout erst dann eintritt, wenn emotionale und/oder soziale Störungen bereits eingetreten sind. Nicht diskutiert wird die Möglichkeit von Prävention des Burnout durch Angebote innerhalb der Ausbildung.

Meine Überlegungen greifen gerade diesen Gedanken der Prävention auf und untersuchen Möglichkeiten bereits innerhalb der Ausbildung.

Schmidtbauer[163] beschreibt die "Hilflosigkeit der Helfer" in den fortschreitenden 80er Jahren. Er siedelt das Helfer-Syndrom im Bereich des sozialen Handelns und des sozialen Engagements an. Er beschreibt die daraus resultierende Energievergeudung und den durch das Helfer-Syndrom entstehenden Schaden. Schmidtbauer thematisiert weiter den Einfluss der Ausbildung von Helfern, in die Elemente der emotionalen Erziehung und Selbsterfahrung einbezogen werden könnten. Er kritisiert den Mangel an Selbsterfahrung innerhalb der Ausbildung und fordert Selbsterfahrungsgruppen während des Studiums, um persönlichkeitsbedingten Schwierigkeiten in der Praxis des Helfenden zu begegnen.

Wellhöfers[164] empirische Untersuchung zum Thema des Helfersyndroms bestätigt Schmidtbauers Hypothesen. Er fordert eine Verbesserung der Psychohygiene in den sozialen Berufen. Nach seiner Ansicht wird dies in der Ausbildung im Fachbereich Sozialwesen schon teilweise praktiziert, aber noch nicht ausreichend genug.

5 Kompetenzentwicklung durch Selbsterfahrung

Eine wichtige Aufgabe der Fachhochschulen für Sozialwesen ist die Ausbildung des Sozialarbeiters/Sozialpädagogen nach den Erfordernissen der beruflichen Praxis. Wie bereits in den vorhergehenden Kapiteln beschrieben, ist die Auseinandersetzung mit affektiven Lerninhalten und die Sensibilisierung der Emotionen und Beziehungen zur eigenen Persönlichkeit und gegenüber dem Klientel als professionelle Grundlage der sozialen Arbeit zu betrachten. Prior[165] verdeutlichte schon 1972, dass eine breite Anwendung von Gruppendynamik im Hochschulbereich über gezielte Selbsterfahrung zu real verändernden Lernprozessen gelangen muss, und dass Theoretisieren allein nicht ausreicht.

Selbsterfahrung gewinnt besondere Bedeutung in einem Studium, welches sich hauptsächlich mit Menschen beschäftigt. Angezielt werden hier der Transfer bzw. die Anwendung von Verhaltensweisen und Kenntnissen für die Berufsarbeit, die durch Selbsterfahrung und Reflexion gelernt werden sollen.

Die Selbsterfahrungsbewegung hat sich seit Beginn der fünfziger Jahre schnell verbreitet. Bach[166] spricht von einem "Psychoboom".

Dieser Bereich hat, wenn auch sehr zögerlich und nur vereinzelt, Eingang in den Hochschulbereich gefunden. Trescher[167] untersucht den Aspekt der Bildungs- und Sozialisationsaufgabe der Hochschule und beschreibt seine Erfahrungen von gruppenanalytischer Selbsterfahrung in der Ausbildung von Pädagogikstudenten.

Schmidt[168] sieht die Möglichkeit zur Anwendung von Psychodrama in Verbindung mit der sozialberuflichen Ausbildung und der Arbeitskreis für Hochschuldidaktik beschäftigt sich seit Jahren (nachvollzogen seit 1970, d. Verf.) mit gruppendynamischen Experimenten im Hochschulbereich und Gruppendynamik in der Seminararbeit.

Das Hauptargument der Autoren, das hier begründeterweise auch für die Sozialarbeiter- und Sozialpädagogenausbildung gelten muss, ist die Notwendigkeit von Selbsterfahrung zur Erweiterung von Sozialkompetenzen.

Selbsterfahrung ist ein sinnvoller Bestandteil der Ausbildung für Sozialarbeiter und Sozialpädagogen. Ein Verzicht auf Reflexion und Aneignung lebensgeschichtlicher Erfahrungen und deren Bedeutung grenzt im Hochschulbereich das Individuelle aus.

Die alleinige Vermittlung theoretischer Inhalte bleibt problematisch. Um diese Problematik zu beseitigen, ist die Integration von Selbsterfahrungsgruppen in die Ausbildung der Studenten nicht nur sinnvoll, sondern auch notwendig. Selbsterfahrungsgruppen haben somit die Funktion eines besonderen Lernfeldes. Die Studenten können sich mit ihren spezifischen Problematiken, Hemmungen und Konfliktstrategien in der Gruppe erfahren und diese Konflikte und Problematiken auch bearbeiten.

Neben der Sach- und Affektbildung beinhaltet die Selbsterfahrung insbesondere den Bereich der Sozialbildung. Damit wird der Bildungsbegriff so verwendet, wie ihn Garlichs[169] nach Mitscherlich und Marcuse definiert hat.

Die Selbsterfahrung ist eine Möglichkeit, adäquater mit den Klienten umgehen zu können. Selbsterfahrung fördert die Fähigkeit zur Introspektion und zum Einfühlungsvermögen, zur teilnehmenden Beobachtung. Damit fördert sie auch die Differenzierung zwischen Eigen- und Fremdwahrnehmung.[170]

Selbsterfahrungsgruppen sind inzwischen in fast alle Lebensbereiche integriert. Im beruflichen Kontext gibt es arbeitsbezogene Selbsterfahrungsgruppen, die den Bereich der Berufskompetenz in starkem Maß einbeziehen. Selbsterfahrungsgruppen werden konzipiert, um konkrete Problemstellungen zu bearbeiten und Kompetenzen zu erhöhen.[171]

5.1 Gruppendynamik und Sensitivity Training
5.1.1 Theorie und historischer Hintergrund

Der Zeitpunkt der Entstehung von Gruppendynamik wird kontrovers diskutiert. Sbandi[172] führt das Jahr 1939 an, in dem Kurt Lewin seinen Aufsatz "Experimente über den sozialen Raum" veröffentlichte. Maisonneuve und Fritz[173] sprechen sich hingegen für das Jahr 1944 aus. Mucchielli[174] sieht den Gebrauch des Wortes in wechselnder Bedeutung seit 1935 in

Verwendung. Einig sind sich jedoch alle Autoren darin, dass "Gruppendynamik" im Ursprung das Forschungsgebiet Lewins und seiner Mitarbeiter bezeichnete, die sich in den dreißiger Jahren dem Studium kleiner Gruppen zuwandten.

Gruppendynamik ist danach die Bezeichnung für die durch die "Gruppe" hervorgerufenen Kräfte, die ihre Wirkung nach innen und nach außen zeigen.

Der ursprüngliche Anstoß Lewins war nicht rein wissenschaftlicher sondern eher pragmatischer Natur. Er wollte durch die Untersuchung von verschiedenen Unterrichtsstilen (autoritärer und demokratischer Unterrichtsstil) in Schulen herausfinden, welche Faktoren für die Lehrerausbildung zum "demokratischen Lehrer" wichtig sind.

Indem er die Lehrer nicht zu Untersuchungsobjekten degradierte (wie das meist in der klassischen empirischen Sozialforschung üblich war), sondern sie als vollwertige Forschungssubjekte und Diskussionspartner ernstnahm, wurde ihre Gruppe selbst zum Untersuchungsgegenstand. Lewin fand heraus, dass es paradox ist, jemandem demokratisches Verhalten beibringen zu wollen.

Die logische Folge dieser Paradoxie ist, dass dieser Jemand selber demokratisches Verhalten lernen muss.

In seiner konkreten methodisch orientierten Anwendungsform entspricht die Gruppendynamik dem lerntheoretischen Ansatz von Verhaltenstraining. Lernen ist die Verhaltensänderung durch Erfahrung.[175]

In diesem Verständnis ist Gruppendynamik Methode, Technik und Übungsfeld zur Selbsterfahrung und zur Reflexion von Gruppenprozessen.

> "Gruppendynamisches Training ist eine systematisierte Methode zur Selbstreflexion und zur Verhaltensänderung. Der methodische Vorteil liegt in der Konfrontation mit der Realität eigenen Verhaltens".[176]

5.1.2 Ziele und Methoden

Im Verlaufe von Untersuchungen über Gruppenphänomene entwickelte sich die Gruppendynamik zu einem interdisziplinären Forschungsgebiet (zwischen Sozialpsychologie, Tiefenpsychologie, Soziologie, Sozialphilosophie, Psychiatrie, Medizin, Pädagogik und Organisationswissenschaften). Insofern gibt es weder eine in sich geschlossene Theorie noch die Verwendung einer einheitlichen Terminologie.

Vier generelle Sichtweisen lassen sich jedoch herauskristallisieren:

1) die phänomenale Perspektive,

2) die analytische Perspektive,

3) die methodische Perspektive,

4) die ideologische Perspektive.[177]

Aus der phänomenalen Sichtweise bezeichnet die Gruppendynamik die Kräfte, die zu bestimmten Änderungen im Gruppengeschehen führen und die durch das In-Beziehung-Treten ihrer Mitglieder hervorgerufen werden.

Aus analytischer Perspektive ist die Gruppendynamik ein interdisziplinärer Forschungsbereich, in dem Wesen und Entwicklungsgesetze von Gruppen sowie Interdependenzverhältnisse zwischen Personen, Gruppen und Institutionen erforscht und als Wissen bereitgestellt werden.

In methodischer Sichtweise ist die Gruppendynamik eine Reihe von Verfahren zur Selbsterfahrung in Gruppen. Darunter fallen verschiedene Trainingsansätze:

- der klassische gruppendynamische Ansatz,

- therapeutisch orientierte Ansätze.

Hinzu kommen verschiedene Trainingsformen:

- Sensitivity Training,

- Encounter Training,
- Interaktionstraining.

Zu diesen verschiedenen Trainingsformen gehören typische Einzeltechniken:

- Rollenspiele,
- Prozessanalysen,
- nonverbale Kommunikationsübungen,
- "partnerzentrierte Gespräche".

Diese Verfahren haben zum Ziel, dem Teilnehmer auf dem Wege des eigenen Erlebens gruppendynamische Prozesse zu verdeutlichen, Verhaltensänderungen zu ermöglichen und/oder Gruppenverhalten und Gruppenprozesse in die jeweils intendierte Richtung zu steuern. Hier wird der Begriff "angewandte Gruppendynamik" zur Sammelbezeichnung für eine Vielzahl gruppendynamischer Verfahren.

Unter ideologischer Perspektive ist die Gruppendynamik eine anwendbare Strategie für die humane Lösung sozialer Konflikte. Dies geht direkt auf die politische Ausrichtung Lewins zurück. Lewin wollte Lösungen entwickeln zum Abbau sozialer Unterdrückung, zum Aufbau demokratischer Strukturen und zur Entwicklung prosozialer Einstellungs- und Verhaltensänderungen. In diesem Sinne ist Gruppendynamik eine gesellschaftspolitische Vorstellung, die sich auf das Verhalten von Individuen und auf die Strukturen und Prozesse innerhalb sozialer Gebilde bezieht.

Teilnehmer gruppendynamischer Gruppen geben mitunter zu erkennen, dass sie in der Gruppe therapeutische Hilfen erwarten. Diese Fehleinschätzung der Möglichkeiten angewandter Gruppendynamik liegt zum Teil in den Gemeinsamkeiten therapeutischer und gruppendynamischer Interventionsmodelle. Beide haben Elemente voneinander übernommen. So werden typische gruppendynamische Prinzipien wie Feed-Back, Kooperationsübungen oder Prozessanalyse in der Therapiegruppe eingesetzt. Andererseits sind eine Anzahl von Techniken (z. B. nonverbale Übungen, partnerzentriertes Gespräch, psychodramatische Darstellung) therapeutischen Verfahren entnommen. Auch verdeutlichen das "Sensitivity Training" als "Therapie für Normale"[178] und die psychoanalytische sowie die nichtdirektive Gruppentherapie (als zwei entscheidende Ansätze des Encounters) die starke Beziehung zwischen beiden Bereichen.

Wichtige Gemeinsamkeiten zwischen beiden Modellen sind:

- Die Notwendigkeit vorhandener Lernbereitschaft und Veränderungsbedürfnisse bei den Teilnehmern,

- Persönlichkeitsentwicklung, Einstellungs- und Verhaltensänderung und Selbstakzentuierung als Hauptziele,

- die angestrebte Entwicklung einer sich selbst steuernden Lerngruppe,

- das gemeinsame Erleben und die Bewusstwerdung sozialaffektiver Probleme,

- die Förderung von Einsichten durch einen oder mehrere Spezialisten als Ziel und Vorgehen,

- die Verbalisierung emotionaler Erlebnisinhalte,

- das gegenseitige Helfen und die Akzeptanz der Teilnehmer untereinander,

- die Auseinandersetzung mit der Leitungsrolle.[179]

Die gruppendynamische Bewegung hat sich im Laufe ihrer Geschichte in zwei Richtungen entwickelt. Die eine Richtung wird als "Sensitivity-Training" und die andere Richtung als "Instrumented-Group" beschrieben. Das Sensitivity Training hat persönliches Wachstum als Ziel. Die "Instrumented Group" bedient sich unterschiedlicher Objektivierungselemente wie (Rating scales, Merkmals- und Ranglisten), um Gruppenveränderungen zu erreichen.

Nach Pritz[180] hat die Gruppendynamik für Selbsterfahrungsgruppen folgende Möglichkeiten eröffnet:

- Selbsterfahrung entwickelt ein reiches Instrumentarium an Feed-Back Techniken in Gruppen.

- Die Leitungsrolle (Rolle der Autorität) wird in besonderem Maße problematisiert.

- Entscheidungsprozesse können demokratisch durch Gruppengespräche eingeübt werden.

- Von tragender Bedeutung in Gruppen ist die Emotionalität für eigenes und fremdes Verhalten. Kognitive Lernprozesse allein bleiben im Verhaltens- und Erlebensbereich unwirksam.

Sensitivity Training hat sich als Methode entwickelt, um eigene und fremde Verhaltensweisen subtil aufeinander abzustimmen. Das Sensitivity Training ist ein Verfahren der Gruppendynamik, das als "Angewandte Gruppendynamik" zu bezeichnen ist.[181]

Sensitivity Training kann sich auf drei Bereiche erstrecken, die sich überschneiden können, und zwar auf:

- den sozial-kognitiven Bereich, der die Wahrnehmung und Fremdbeurteilung einschließlich ihrer Fehlerquellen umfasst,

- den motivationalen Bereich, der die Fähigkeit individuelle Beweggründe in verschiedenen Situationen auf dem Hintergrund dispositioneller Gegebenheiten beschreibt,

- den expressiven Bereich als spontanes Ausdrucksmittel anderen gegenüber, ohne dass die natürliche Emotionalität verlorengeht.[182]

Der Begriff Training zeigt, dass es nicht um die Vermittlung theoretischer Inhalte geht, sondern vorwiegend um emotionales Erleben, das allerdings in der Ausbildung von Sozialarbeitern/Sozialpädagogen eine theoretische Reflektion einbeziehen soll.

Das Ziel des Sensitivity Trainings liegt im individuellen persönlichen Wachstum, das in der Gruppe erreicht werden soll.

Viele Autoren beschreiben die Tendenz der Verwechslung von Trainingsgruppen mit Therapiegruppen[183]

Grundsätzlich muss eine scharfe Trennung zwischen Therapie und Training erfolgen. Teilnehmer einer Therapiegruppe wollen Hilfe in einer persönlichen Notlage erhalten. Trainingsgruppen wollen ihr Wissen und ihre Erfahrung über das Funktionieren von Gruppen vertiefen. Mitglieder von Therapiegruppen sehen sich als Patienten und werden auch von anderen so gesehen. Mitglieder einer Trainingsgruppe wollen neue zwischenmenschliche Erfahrungen und Möglichkeiten erlangen, die sie bisher nicht besaßen.

In Sensitivity Trainings gibt es immer wieder Teilnehmer, die Hilfe bei der Lösung persönlicher Konflikte erwarten. Von daher muss der Trainer einer solchen Gruppe diagnostisch befähigt sein, um solchen Teilnehmern gegebenenfalls eine Empfehlung zu einer Therapiegruppe zu geben.[184]

Küchler[185] zeigt die generellen Unterschiede beider Ansätze auf:

ANGEWANDTE GRUPPENDYNAMIK	GRUPPENTHERAPIE
NORMALE TEILNEHMER	KRANKE/PATIENT/KLIENT
FREIWILLIGE TEILNAHME	DURCH LEIDENSDRUCK NOTWENDIGE TEILNAHME
ERZIEHUNG/ RE-EDUCATION	BEHANDLUNG/HEILUNG
TRAINER	THERAPEUT
LÖSUNG FUNKTIONALER, INSTITUTIONELLER KONFLIKTE UND VERHALTENSPROBLEME	BEFREIUNG VON PERSÖNLICHEM LEIDENS- UND SYMPTOMDRUCK

ANGEWANDTE GRUPPENDY-NAMIK	GRUPPENTHERAPIE
ANALYSE GEGENWÄRTIGEN VERHALTENS	BIOGRAFISCHE URSACHEN-ANALYSE
SUBJEKTIVE REALITÄTSSICHT	FANTASIEN, TRÄUME
BEWUßTES, VORBEWUßTES MATERIAL	UNBEWUßTES MATERIAL
GRUPPE ALS ZENTRALES THEMA	DAS INDIVIDUUM
AUTHENTISCHES LEITERVERHALTEN	KONTROLLIERTES LEITERVERHALTEN
LEITUNG AUS DER NÄHE	LEITUNG AUS DER DISTANZ
GERINGE ABHÄNGIGKEIT VOM LEITER	GROßE ABHÄNGIGKEIT VOM LEITER
ANGRIFFE AUF DIE FÜHRERROLLE	KAUM ANGRIFFE AUF DIE FÜHRERROLLE

Während die Gruppendynamik Sensitivität und Verhaltensschulung intendiert, haben psychotherapeutische Verfahren Einsichtsförderung und Entwicklung seelischer Stabilität zum Ziel.

Das Trainingsgruppenmodell (T-Gruppen) des Sensitivity Trainings wurde 1954[186] an der Universität von Kalifornien entwickelt und eingesetzt und stellt ein Mittel der Persönlichkeitsförderung dar. Sensitivity Training ist nicht nur ein Mittel zur Verbesserung des Gruppenverhaltens, zur Verbesserung von Beziehungsfertigkeiten, sondern es zielt auf die ganzheitliche Stärkung des Individuums ab.[187]

Angesprochen wird letztendlich die Fähigkeit, gruppendynamische Vorgänge zu erkennen und die eigenen Verhaltensweisen auf eigene und fremde Verhaltensweisen subtil abzustimmen.[188]

Aufgrund der Zielsetzungen der gruppendynamischen Methoden, insbesondere des Sensitivity Trainings erscheint es auf diesem Hintergrund einleuchtend, diese Techniken für die Ausbildung von Sozialarbeitern und Sozialpädagogen im Sinne der Kompetenzentwicklung für die soziale Arbeit zu nutzen. Nach Küchler[189] bieten sich unter dem Aspekt der Sensibilisierung für die Wirkungsfaktoren innerhalb von Erziehungs-, Beratungs- und therapieähnlichen Situationen und zum Erlernen berufsspezifischer Fertigkeiten (zum Beispiel Beratungs-Skills und Lehrfertigkeiten) Elemente der Selbsterfahrungsgruppen an.

Danach sind gruppendynamische Trainings überall dort sinnvoll, wo vom Berufsausübenden kommunikative Fähigkeiten gefordert werden.

5.2 Der Zugriff der Hochschuldidaktik auf die Gruppendynamik

Der Sozialarbeiter/Sozialpädagoge hat im Verlaufe seines Studiums nur unzureichend gelernt, theoretische Inhalte in konkretes Verhalten umzusetzen. Diese Klage über die mangelnde Fähigkeit, Gelerntes unmittelbar in die Praxis umzusetzen, ist aus vielen Studiengängen hinlänglich bekannt. Aus Befragungen von Sozialpädagogen geht deutlich hervor, dass sie den praktischen Wert ihres Studiums relativ gering einschätzen. Gleichzeitig erhoffen sie sich aber zu Studienbeginn einen verstärkten Praxisbezug. Wie schon beschrieben, gehören emotionale Aspekte zur Berufsidentität von Sozialarbeitern und Sozialpädagogen. Diese nicht-kognitiven Elemente werden sowohl von Anstellungsträgern als auch von den Sozialarbeitern/Sozialpädagogen als notwendige Kompetenzen für die Berufsausübung betrachtet.[190]

Allerdings findet dieser Gedanke nicht hinreichend Beachtung in der Ausbildung im Sozialwesen. Hier findet immer noch eine Vernachlässigung elementarer Komponenten professioneller Kompetenz im Bereich der

Persönlichkeitsentwicklung und Identitätsfindung der Studierenden statt. Die Studierenden sind quasi die "black box" des Curriculums.[191]

Eine

"unzureichende Orientierung der Ausbildung am Studenten als Subjekt von Lernprozessen"[192]

wird auch in neuerer Zeit festgestellt, obwohl auch von den Studierenden selbst ein Beitrag zur Persönlichkeitsbildung erwartet wird.[193] Gerade die Ausbildung der Sozialarbeiter/Sozialpädagogen lässt sich nicht auf rationales Wissen und technische Fertigkeiten reduzieren.[194]

Insofern kann das Sensitivity Training als wesentlicher Bestandteil in die Ausbildung von Sozialarbeitern/Sozialpädagogen integriert werden.

Gruppendynamische Verfahren lassen sich hochschuldidaktisch in die Ausbildung einbeziehen. Sensitivity Training kann eine Möglichkeit sein,

Veränderungen im Individuum zu bewirken, die für die Ausbildung praktischer Skills der Sozialpädagogik/Sozialarbeit wichtig sind.

Andere Berufsgruppen, wie z. B. die Lehrer, haben schon früher den Nutzen und die Notwendigkeit gruppendynamischer Seminare gesehen.[195]

5.3 Der Stellenwert der Selbsterfahrung im Studium der Sozialpädagogik/ Sozialarbeit

An einer Hochschule werden nicht nur berufsspezifische Fertigkeiten und Kenntnisse vermittelt, es finden zugleich subjektive Entwicklungsprozesse bei den Studenten statt. Die Gründe liegen zum einen darin, dass im Sozialisationsprozess auch nichtintendiertes und unbewusst motiviertes Handeln anderer wirkt, und zum anderen darin, dass Hochschulen keine einheitliche Umwelt darstellen, sondern wie in anderen gesellschaftlichen Bereichen die Subsysteme, Subkulturen und Peergruppen unterschiedliche Sozialisationswirkungen ausüben.[196]

Das Studium kann nicht nur unter dem Aspekt der Aneignung von Wissenschaft betrachtet werden, sondern sollte auch die Weiterentwicklung der Studierenden in ihrem gesellschaftlichen Handeln einbeziehen.

Busch und Hommerich formulieren als These, dass die Fachhochschulabsolventen der Sozialarbeit/Sozialpädagogik Probleme bei der Umsetzung des in der Ausbildung erworbenen Wissens in die berufliche Praxis haben. Sie sehen dies als sicheren Indikator für den Mangel der Lehre, praktisch bedeutsame Verhaltensweisen vermitteln zu können. Sie sehen als Elemente einer Ausbildung die Vermittlung wissenschaftlicher Grundlagenkenntnisse und die Vermittlung praktischer Berufserfahrungen, die in der Praxis nutzbar sind.[197]

Es bedarf gemeinsamer Strategien von Fachhochschulen und Anstellungsträgern, um die Ausbildungssituation im Studiengang Sozialwesen so zu verändern, dass handlungskompetente Sozialarbeiter/Sozialpädagogen den Anforderungen des Praxisfeldes gewachsen sind. Es wird darum gehen, die Praxis in Lehre und Forschung der Fachhochschule zu integrieren und gleichzeitig Lehre und Forschung in die berufliche Praxis zu übertragen.

Hinte und Springer machen deutlich, dass sich nur in ganzheitlichen Lernsituationen zeigt, dass neben den erwarteten, auf "Methoden" oder "Wissen" zielenden Lernprozessen auch Erkenntnisse in ganz anderen Bereichen gewonnen werden. Diese beziehen sich auf den kognitiven und emotionalen wie körperhaften Umgang mit sich selbst in alltäglichen, privaten wie professionellen Situationen.[198]

Das allgemeine Ziel der Fachhochschulausbildung des Fachbereiches Sozialwesen ist der Erwerb von Handlungskompetenz auf der Grundlage von wissenschaftlichen Erkenntnissen und berufsspezifischen Methoden.

Goll/Metzmacher/Sauer kommen zu dem Ergebnis, dass die

> "Studierenden ganz offenkundig in der Ausbildung auf eine andere Rolle vorbereitet werden, als ihnen in der Berufspraxis abverlangt wird."[199]

Gleichwohl haben die Studenten eine Vorstellung davon, wie die Ausbildung gestaltet werden kann. Zum einen sind das Forderungen inhaltlicher

Art an die Fächer, zum anderen aber auch die Einstellung, dass das Fachhochschulstudium zur Persönlichkeitsentwicklung sowie zu Aufbau und Erweiterung von kommunikativen und Handlungskompetenzen beitragen soll.[200]

Dazu sind die Fachhochschulen aber nur unzureichend in der Lage, denn seit Übernahme der Höheren Fachschulen für Sozialarbeit in die neugegründeten Fachhochschulen wird der Ganzheitlichkeit der Sozialarbeiter/Sozialpädagogen als Personen (ihrer Biographie, ihren Emotionen in Verbindung mit ihrer Lebenswelt und ihrem Praxisfeld) nicht oder nur unzureichend in der Ausbildung Rechnung getragen.

Die Projektgruppe soziale Berufe macht deutlich, dass

"Übereinstimmung herrscht (....) in der allgemeinen Einschätzung der Entwicklungsstrends in der sozialen Arbeit. Praxis und Ausbildung zielen gleichermaßen - und es ist überraschend zu sehen, unter welch unterschiedlichen Aspekten sich immer wieder ein ähnlicher Trend ergibt - darauf hin, dass eine professionelle Kompetenz verlangt wird, die den Problemen der Lebenswelt der Adressaten in einer offenen, adressatenorientierten Organisation der sozialen Arbeit gerecht wird. Eine solche Kompetenz muss ausgewiesen sein durch Grundlagenwissen im Verständnis von Alltagsproblemen und institutionellen Bedingungen von Hilfe und Kontrolle, aber auch durch eine an Kooperation, Reflexivität, Beratungskompetenz und Selbsthilfeerfahrung gebundene Fähigkeit in der Interaktion mit den Betroffenen·".[201]

Hier sieht die Projektgruppe Soziale Berufe die zentralen Aufgaben für Handlungs- und Ausbildungskonzepte der Sozialarbeit.

Hinte und Springer kritisieren in diesem Zusammenhang die

"......Ignoranz vieler (Hochschul-) Ausbilder hinsichtlich dieser Erkenntnis. Die Kopflastigkeit von Curricula und die einseitige Verwissenschaftlichung von Studiengängen signalisiert die immer noch vorhandenen Berührungsängste der Sozialwissenschaftler introspektiven Verfahren gegenüber."[202]

Die beiden Autoren machen weiter darauf aufmerksam, dass Aspekte einer "neuen Professionalität" in der Ausbildung von SA/SP in den Vordergrund treten müssten. Demnach beinhaltet Handlungkompetenz:

- die Wahrnehmung gesellschaftlicher und institutioneller Bedingungen,
- die Interessen bzw. Lebenslagen und Befindlichkeiten der Adressaten,
- Emotionalität, Wahrnehmungs-, Kommunikations-, Kooperations-, Organisations- und Entscheidungsfähigkeit des Studenten und seine spezifischen Fähigkeiten und Fertigkeiten.[203]

Prior führt als Gedanken zu einer Neuorientierung in der Hochschulausbildung aus, den Humboldtschen Zielvorstellungen gemäß Wissenschaft als Mittel umfassender Persönlichkeitsbildung anzusehen. Wissenschaftliches Studium muss demnach alle Bereiche des Menschen berücksichtigen.[204]

"....am ehesten dürften diese Anforderungen jedoch durch eine breite Grundqualifizierung im Studium erfüllt werden. Grundsätzlich umfasst die Hochschul- und Fachhochschulausbildung als Bildungsprozess neben der unmittelbaren Berufsqualifikation auch die Dimension der Persönlichkeitsbildung"[205]

Hinte und Springer[206] interpretieren die Handlungskompetenz des Sozialarbeiters/Sozialpädagogen aus einem gestalttheoretisch fundierten Ansatz heraus. Danach kann im Studium nicht nur gelernt werden, wie "man" Kompetenz im Beruf entwickeln kann, sondern eher, wie "ich" im Beruf mehr Kompetenz erlangen kann. Dies unterstreicht die Forderung nach einer Ausbildung, die gleichermaßen kognitive wie auch emotionale Anteile der Ausbildung im Sozialwesen einbezieht.

Huber[207] sieht den Schlüssel zu den Problemen der Wissenschafts- und Studienreform in den sozialen Einstellungen und Fähigkeiten, die ein Student mitbringt. Die praktische Folgerung aus diesem Ansatz liegt in der Verbindung des Qualifikations- mit dem Sozialisationsaspekt (Berufspraxis-Ansatz). Huber möchte die Aufmerksamkeit für die Arbeit an und in

Interaktionsproblemen (sozialpsychologischer Ansatz) durch die Reflexion auf ihre Entstehung im Sozialisationsprozess eingebunden sehen.

Apenburg[208] meint, dass die Anpassung der Hochschulausbildung an die "Erfordernisse" einer modernen Gesellschaft nicht darin bestehen sollte, zu vermittelndes Faktenwissen ständig zu vergrößern, sondern darin, übergeordnete Qualifikationen zu fördern. Diese Schlüsselqualifikationen sieht Apenburg in Diskussions- und Gesprächstechniken und in Teamfähigkeit und Kooperationsbereitschaft. Dieser LernProzess soll sich über das gesamte Studium hin erstrecken.

Gralki[209] verdeutlicht, dass in allen Bildungseinrichtungen kommuniziert wird, und der Erwerb von Wissen, der Aufbau von Fertigkeiten und Fähigkeiten sowie das Herausbilden und Verändern von Einstellungen über Kommunikationsvorgänge geschieht. So müssen Seminar- bzw. Lehrveranstaltungen die Elemente der Beziehungen und Verhaltensstereotype mitprägen bzw. auslösen, natürlich auch die Kommunikationskompetenz, Beratungs- und Beziehungskompetenz fördern.

Hierzu macht Schmidt[210] die Aussage, dass gruppendynamische Prozesse in universitären Lerngruppen Anregungen für ein persönliches Wachstum geben.

Gehrmann und Müller[211] kritisieren diese Position einerseits, indem sie Vorbehalte gegenüber einer Ausrichtung des "therapeutischen Sozialarbeiterstudiums" deutlich machen und die psychischen Probleme zwischen Sozialarbeit und Klienten an einigen Hochschulen überbetont sehen. Gleichzeitig bemerken sie aber auch, dass - wenn der Student den beruflichen und persönlichen Konflikten nicht handlungsunfähig ausgesetzt sein sollte - er durch sein Studium lernen müsste, konflikthafte Prozesse zu reflektieren unter Berücksichtigung der eigenen Person in seinem näheren sozialen Umfeld.

Brauns und Kramer[212] erkennen, dass soziale Arbeit Sensibilität gegenüber individuellen und kollektiven sozialen Problemlagen verlangt, wie auch die Fähigkeit, diese Problemlagen aushalten zu können. Sie folgern, dass sich somit das Studium nicht auf die Vermittlung von wissenschaftlich begründeten Kenntnissen und Fähigkeiten beschränken kann, sondern sich auch mit der Person und der Persönlichkeit des einzelnen Studenten auseinander setzen muss.

Besonders im Fachbereich Sozialwesen ist das Subjekt immer auch Mittel der Berufsausübung. So schreibt Bellermann, dass zu den wesentlichen Merkmalen von Sozialpädagogen

> "die persönliche Betroffenheit und die Kompetenz zur Gestaltung von Beziehungen"[213]

gehört.

Von daher ist in den Studiengängen der Sozialarbeit/Sozialpädagogik eine Verbindung von Studium und Lebenswelt der Studenten notwendig und sinnvoll, was bedeutet, dass neben der rationalen Ausbildungsorganisation auch der Prozess der Identitätsbildung in den Vordergrund treten sollte.

Diese Arbeit versucht nachzuweisen, dass die genannten Kompetenzen einen wesentlichen Teilbereich der Ausbildung von Sozialpädagogen und Sozialarbeitern ausmachen, und dass Sensitivity-Training eine adäquate Möglichkeit zur Umsetzung dieser Zielsetzung im Studiengang Sozialarbeit/Sozialpädagogik ist.

5.4 Ziele des Sensitivity Trainings im Hinblick auf die Professionalität der Sozialarbeiter/Sozialpädagogen

Das Sensitivity-Training soll dazu verhelfen, neben den herkömmlichen Lehrmethoden in besonderer Weise die in den vorherigen Kapitel beschriebenen Kompetenzen zu fördern, bzw. zu entwickeln. Ein mögliches Programm wird im Kapitel 6 vorgestellt.

Da für die helfenden Berufe in Abgrenzung zu kognitiven Handlungsstrukturen und Fertigkeitserwerb auch von emotionaler Ausbildung (social skills) auszugehen ist, sollen durch das Sensitivity Training die Persönlichkeitsbildung des Sozialarbeiters/Sozialpädagogen und die Ausprägung von Grundhaltungen mit ihren instrumentellen Fertigkeiten entwickelt werden.

Die Teilnehmer sollen in die Lage versetzt werden, Emotionen deutlich wahrzunehmen und sie artikulieren zu können. Angst in der Interaktion soll reduziert, und das Vertrauen zu sich selbst soll verstärkt werden. Reflexive Fertigkeiten - wie Eigen- und Fremdwahrnehmung - sollen weiterentwickelt und in die Berufsidentität eingebunden werden.

Die wesentlichen Ziele der Gruppenselbsterfahrung sind:

- Einüben sozialer Fertigkeiten, z. B. Emotionen angemessen zu verbalisieren,
- Feedback geben zu können,
- angstfreier zu werden,
- neue Erfahrungen mit der eigenen Person und dem eigenen Verhalten machen,
- die eigene Person realistischer wahrnehmen können,
- Möglichkeiten zu weiterer Entwicklung und eigenem Wachstum zu lernen,
- sich und sein Verhalten in der Gruppe kennenzulernen,
- andere Kommunikationsformen entdecken,
- verbessern der eigenen Kommunikation und der Wahrnehmung.

Die Lernziele entsprechen zwei Ebenen der Selbsterfahrung und zwar "Ich-zu-mir" als emotionale Kompetenz und "Ich-zu-den-anderen" als soziale Kompetenz und Beziehungskompetenz.

6 Gruppenprogramm zur Selbsterfahrung

Die einzelnen Übungen entstanden aus eigener Gruppenarbeit und Selbsterfahrung. Die für das Sensitivity Training direkt aus der Literatur übernommenen Übungen werden als solche kenntlich gemacht. Die ausgewählten Inhalte entsprechen gängigen Trainingskonzepten, wie sie beispielsweise bei Antons[214] Schwäbisch/Siems[215], Gudjons[216] und Lumma[217] ausführlich dargestellt sind.

Die Wirksamkeit der Trainingsinhalte ist durch die eigene Arbeit des Verfassers als Supervisor[218] und Lehrsupervisor in vielen Gruppen hinreichend bestätigt worden.

1. Sitzung: Kennenlernen (Warming up)

a) Anfangsblitzlicht

Jedes Gruppenmitglied nimmt der Reihe nach kurz Stellung zu den Fragen:

- Wie heiße ich?
- Wie geht`s mir im Augenblick?
- Was beschäftigt mich?

Anschließend erfolgt eine kurze Diskussion über die erhaltenen Informationen. Das Anfangsblitzlicht hat die Funktion, die Gruppe zusammenzuführen. Auf folgende Diskussionsregeln soll zu Beginn hingewiesen werden:

- Es kann immer nur einer sprechen!
- Beachte deine Körpersignale!

b) Erwartungen und Befürchtungen

Jedes Gruppenmitglied sucht sich einen Partner und bespricht mit ihm, welche Erwartungen bzw. Befürchtungen jeder im Hinblick auf das Gruppenprogramm hat.

In dieser Übung kann gelernt werden, einem relativ fremden Menschen von den eigenen Gefühlen zu erzählen und ihn nach seinen Gefühlen zu fragen. Außerdem wird erlebt, wie schwierig es ist, einen Menschen zum Gesprächspartner zu wählen. Hinweis zu Beginn: Experimentiere mit dir.

c) Ich stelle meinen Partner vor

Im Plenum teilt jedes Gruppenmitglied mit, welche Erwartungen und Befürchtungen sein Partner geäußert hat. Es wird begonnen mit dem Satz: Ich bin jetzt mein Gesprächspartner (Name) und meine Erwartungen/Befürchtungen sind.....

Anschließend nimmt der Genannte Stellung, ob er sich richtig interpretiert fühlt. Das Paarinterview wird transparent gemacht. Es wird gelernt, die Rolle eines anderen zu spielen. Zudem wird deutlich, wie gut der Partner zugehört hat. Ergebnisse werden auf einer Wandzeitung visualisiert.

d) Beeinflussungsstern[219]

Anweisung: Kennzeichnet für jeden der 16 Beeinflussungsfaktoren auf dem dazugehörigen Strahl einen Punkt, der die Einflussstärke jedes Faktors auf eure Einstellungen und euer Verhalten widerspiegelt. Hat ein Faktor keinen Einfluss, setzt die Markierung auf die Nullebene; Faktoren mit großem Einfluss erhalten eine 20er Bewertung usw. Auch Zwischenpunktierung ist möglich. Wenn alle Punkte markiert sind, werden die jeweils nebeneinanderliegenden durch eine Grade verbunden.

Es ergibt sich ein Stern mit unterschiedlich großen Zacken. Anschließend erfolgt die Bildung von Triaden zum Gespräch über die persönliche Bedeutung des Beeinflussungssterns. Evtl. schließt eine Plenumsdiskussion an. Das persönliche Kennenlernen soll noch verstärkt werden, Fremdheitsängste werden weiter abgebaut. Das "Ich" wird transparenter.

Beeinflussungsstern

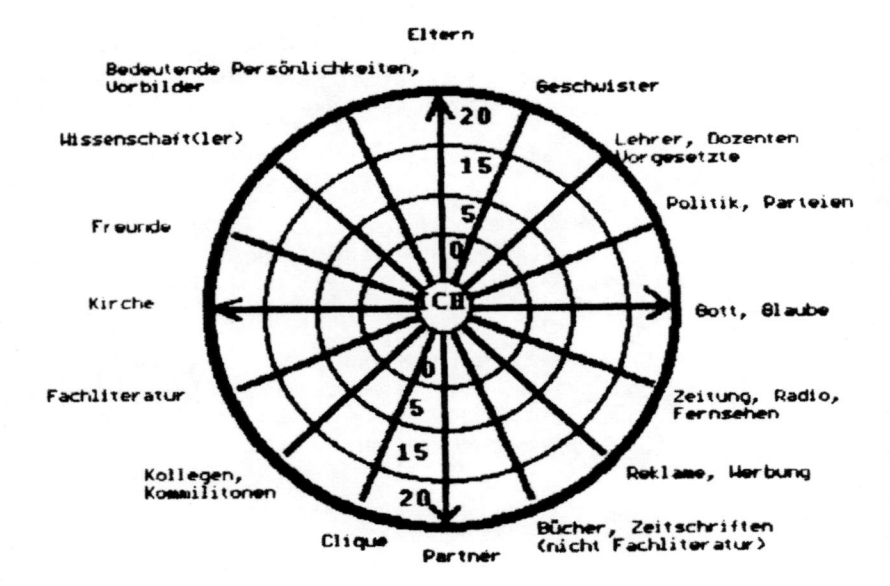

Diagramm: Stern mit Achsen, die verschiedene Einflussquellen darstellen:
- Eltern
- Bedeutende Persönlichkeiten, Vorbilder
- Geschwister
- Wissenschaft(ler)
- Lehrer, Dozenten, Vorgesetzte
- Politik, Parteien
- Freunde
- Kirche
- Gott, Glaube
- Fachliteratur
- Zeitung, Radio, Fernsehen
- Kollegen, Kommilitonen
- Reklame, Werbung
- Clique
- Partner
- Bücher, Zeitschriften (nicht Fachliteratur)

Zentrum: CH, Skala 0–20

2. Sitzung: Person und Institution

a) Anfangsblitzlicht

Kurze Stellungnahme: Wie geht`s mir im Augenblick?

Was beschäftigt mich?

Dies ist nur als Information gedacht. Es erfolgt keine Diskussion über die Inhalte.

b) Meine Schnittmenge

In dieser Sitzung wird das Augenmerk auf die Verbindung von privater Person und Institution gerichtet, um daraus die aktuelle Berufsrolle abzuleiten.

Dazu wird ein Bild angefertigt, das später im Plenum vorgestellt wird.

Die Anweisung dazu lautet: Malt mit Symbolen das für euch Wichtigste aus privater Person und Institution in die freien Flächen und versucht, die Verbindung aus beiden Bereichen in die Mitte zu übertragen. Die Mitte stellt eure Berufsrolle dar, also eine Verbindung aus privater Person und dem Handeln in Institutionen.

Was ist für mich wichtig im Beruf/Praktikum; was ist für mich privat von Bedeutung; wie finden beide Teile Eingang in meine Berufsrolle? Im Plenum stellt jedes Gruppenmitglied sein Bild vor. Die anderen Gruppenmitglieder achten auf ihre Gefühle, die ihnen beim Erzählen des fremden Bildes aufsteigen. Die erlebten Gefühle werden dem Teilnehmer, der sein Bild vorstellte, erzählt. Anschließend wird danach gefragt, was dem Betroffenen von den geäußerten Gefühlen am deutlichsten im Gedächtnis blieb.

Eine auf diese Weise erkannte persönliche Problematik kann dann in eine Einzelarbeit eingehen. In der Einzelarbeit werden in Anwesenheit der Gruppe durch den Gruppenleiter dem einzelnen Teilnehmer Anregungen gegeben, sein "persönliches Thema" zu verbalisieren und zu bearbeiten.

```
┌─────────────────────────────┐
│  Schnittmenge               │
│         ___     ___         │
│        /   \ /     \        │
│ Private Person Berufsrolle Institution │
│        \___/ \_____/        │
│                             │
└─────────────────────────────┘
```

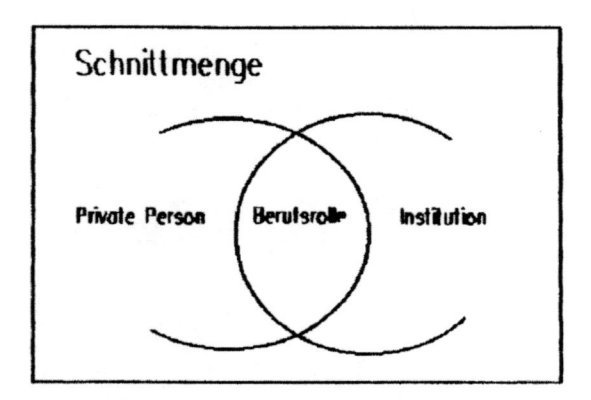

Diese Einheiten sind sehr zeitintensiv und führen erfahrungsgemäß zu eindrucksvollen persönlichen Erfahrungen, die auch die anderen Gruppenmitglieder tief berühren können.

Die Auswertung dauert je Bild unterschiedlich lange. Es ist zu erwarten, dass die 3. Sitzung mit einbezogen werden muss.

3. Sitzung Fortsetzung der 2. Sitzung

4. Sitzung: Gelenkter Wachtraum

a) Leuchtturmphantasie

Gelenkter Wachtraum, der durch seine zahlreichen Bilder anschauliches und gut besprechbares Selbsterfahrungsmaterial bietet.

In Anlehnung an meditative Übungen wird den Teilnehmern folgende Anleitung mündlich gegeben:[220]

Setze dich fest und bequem hin. Lass deinen Atem gehen, wie er gehen will. Wenn du willst, mach die Augen zu oder schau auf einen Punkt.

Wenn du die Augen auflässt, so schau bitte nicht umher. Stell dir vor, dass du in einem Gartenhaus sitzt. Es ist schön warm, und du sitzt ganz locker in einem großen Schaukelstuhl.

Vor dir ist eine große Scheibe, und durch die Scheibe kannst du von deinem Schaukelstuhl aus nach draußen sehen. Du siehst vor dir eine Wiese mit saftig-grünem Gras, hier und da eine Blume.... Links und rechts am Rande der Wiese stehen knorrige Bäume; und an den Bäumen kannst du sehen, dass der Wind etwas bläst....Du selber aber sitzt im Schaukelstuhl und bekommst den Wind nur über die Augen mit..... Und wenn du deinen Blick etwas weiter schweifen lässt, siehst du hinter der Wiese das Meer, das weite Meer, und das Meer ist ruhig.

Und wenn du deinen Blick über das Meer streifen lässt, so siehst du gar nicht weit weg einen Leuchtturm aus dem Meer herausragen. Du entscheidest dich, deine Badesachen anzuziehen und geradezu über die Wiese auf das Meer zuzulaufen.

Jetzt kommst du ans Wasser, läufst in das Meer hinein und spürst das Wasser auf der Haut..... Bis zum Leuchtturm ist es gerade so, dass du noch im Wasser stehen kannst. Du kannst waten und Ansätze von Schwimmbewegungen machen.....

Und währenddessen kommt etwas mehr Wind auf, und das Laufen und Waten wird anstrengender... Und dann kommst du auf der kleinen Insel an, wo der Leuchtturm steht.

Und dann siehst du, dass der Turm unten eine Tür hat...Du gehst auf die Tür zu und machst sie auf.... Du siehst dann, dass innen eine Wendeltreppe nach oben führt... Es ist etwas dunkel im Leuchtturm, und du entscheidest dich, die Wendeltreppe nach oben zu gehen.

Nachdem du einige Stufen gegangen bist, kommst du an ein Fenster, und wenn du genau hinschaust, siehst du einen Schriftzug auf dieses Fenster geschrieben, und zwar:

"SO, WIE MICH DIE ANDEREN SEHEN".

Schau mal genau hin, was da außer der Schrift noch an Bildern auftaucht. Sind da Figuren, Farben? Erscheinen noch andere Wörter oder Bilder mit Wörtern? Warte ab, welche Wörter dir einfallen.....

Und dann schau dir nochmal dieses Bild an mit der Überschrift

"SO, WIE MICH DIE ANDEREN SEHEN".

Und während du auf das Fenster schaust, verschwindet auch das Bild, und du kannst nach draußen sehen, und du siehst ganz nah unter dir das Meer; du merkst, wie sich bei dir Ruhe breit macht.

Nachdem du eine Weile hinausgeschaut hast, gehst du die Wendeltreppe weiter nach oben. Und dann kommst du wieder an ein Fenster. Während du näher kommst, erscheint auf der Scheibe wieder ein Schriftzug, und dieser lautet

"SO, WIE ICH WILL, DASS MICH DIE ANDEREN SEHEN".

Warte ab, welches Bild noch auf der Scheibe erscheint. Schau dir das Bild näher an,.... vielleicht hat es sich bereits verändert. Und während du noch hinschaust, geht das Bild langsam wieder weg, und die Scheibe wird frei, durch die du nach draußen schauen kannst.

Und wenn du jetzt hinausschaust, siehst du unten unter dir das kleine Gartenhaus. Und du siehst auch den Schaukelstuhl im Gartenhaus stehen. Neben dem Schaukelstuhl liegen deine Sachen, die du ausgezogen hast, als du ins Wasser gegangen bist.

Und du entscheidest dich, auch jetzt weiterzugehen, weiter nach oben. Und wenn du vom Fenster weggehst, wird es wieder etwas dunkler, manchmal stolperst du auch über die Stufen, und dann trittst du wieder fest auf...

Und während du nach oben steigst, kommt auch wieder etwas mehr Licht auf dich zu, und ein weiteres Fenster ist zu sehen. Du erkennst wieder einen Schriftzug auf der Scheibe

"SO, WIE ICH BIN".

Lass dir Zeit, gib dir Ruhe. Sieh dir genau das Bild an mit der Überschrift

"SO, WIE ICH BIN".

Dann verschwindet das Bild langsam wieder. Und wenn du nach draußen siehst, kannst du das weite Meer erkennen und am Horizont ein paar kleine Schiffe: langsam ziehen sie vorbei. Und wenn du in die Luft schaust, fliegen einige Möwen ganz hoch; sie gleiten mehr als sie fliegen. Der Himmel ist blau. Und dann entscheidest du dich, weiterzugehen auf der Wendeltreppe nach oben. Es wird wieder dunkler und dann etwas heller, weil du auf das vierte Fenster zugehst. Und während du auf das Fenster zukommst, erkennst du, dass dieses Fenster ohne Schriftzug ist. Dieses Fenster kannst du öffnen und hinausschauen. Du merkst dabei, dass hier oben schon ein starker Wind geht. Wenn du die Fensterbank anfaßt, bröckelt etwas Stein ab. Dann schließt du das Fenster wieder....

Und dann gehst du weiter nach oben und kommst an das fünfte Fenster. Darauf steht ganz groß geschrieben

"SO, WIE ICH SEIN WILL".

Und sieh mal, was dir als Idealbild auf der Scheibe erscheint.

Wenn dann etwas später das Bild von der Fensterscheibe verschwindet, siehst du unter dir nochmal das kleine Gartenhaus.

Du entscheidest dich, nach unten zu gehen. Es geht jetzt schneller als aufwärts. Du läufst die Wendeltreppe nach unten und kommst an die Tür, gehst nach draußen, und wenn du jetzt ins Wasser watest, merkst du, dass es kühler ist als vorher. Und dann watest du auf das Gartenhaus zu.

Jetzt kommst du an den Strand, läufst bis zur Wiese und über die Wiese zum Gartenhaus. Und dann nimmst du dir ein Handtuch, trocknest dich ab, ziehst dich an und entscheidest dich, vom Gartenhaus wegzugehen, um mit jemandem über die Bilder zu sprechen, die du im Leuchtturm gesehen hast.

Wenn du gleich die Augen öffnest oder in der Gruppenrunde aufschaust, schau dich nach jemandem um, mit dem du über deine Bilder sprechen willst.

Du hast für dieses Gespräch eine Stunde Zeit.

Anschließend werden wir im Plenum unsere Erfahrungen mit diesem Wachtraum austauschen.

5. Sitzung: Verbalisieren von Gefühlen

a) Anfangsblitzlicht

b) Kommunikation mit den Händen

Aufteilung der Gruppe in Triaden. Die Kleingruppen setzen sich kreisförmig zusammen.

Die Anweisungen lauten:

"Bitte schließt jetzt die Augen, konzentriert euch ganz auf euch selbst und sprecht während der Übung nicht mehr." (ca. 2 Minuten)

"Fasst euren linken und rechten Nachbarn an die Hand. Versucht, mit eurer linken Hand die rechte Hand eures linken Nachbarn zu erkunden, und mit eurer rechten Hand die linke Hand eures rechten Nachbarn. Wie fühlen sich diese Hände an?" (ca. 2 Minuten)

"Drückt jetzt mit euren Händen das Gefühl von Neugier aus." (Jede der folgenden Anweisungen nach ca. 2 Minuten)

- Gefühl von Unsicherheit
- Gefühl von Angst
- Gefühl von Ärger
- Gefühl von Freude
- Gefühl von Zärtlichkeit
- Gefühl von Trauer.

"Verabschiedet euch jetzt von den Händen links und rechts."

"Öffnet die Augen und sprecht über die Erlebnisse und Gefühle, die ihr eben hattet."

Es wird gelernt, Gefühle ohne Worte auszudrücken. Hemmungen und Berührungsängste können abgebaut werden.

c) Schweigen

Die Gruppenmitglieder verteilen sich im Raum. Die Teilnehmer schließen die Augen und versuchen, sich ganz auf sich selbst zu konzentrieren. Den Gedanken und der Phantasie sollen freier Raum gelassen werden. Das Denken soll nicht kontrolliert werden. Die Bilder, die in dieser Phase auftauchen, sollen im Plenum vorgestellt werden.

6. Sitzung: Bekannte und unbekannte Gefühle

a) Gefühlskiste

Jeder Teilnehmer zeichnet eine "Gefühlskiste".

Die "Gefühlskiste"[221]

Nach der Eintragung der Selbstwahrnehmung in die beiden ersten Kästchen sucht sich jeder Teilnehmer einen Partner, dem er die ersten beiden Aspekte erläutert, und der ihm dabei hilft, auch an ihm nicht bekannte Gefühle heranzukommen (3. Kästchen), damit sie möglicherweise später in eines der oberen Kästchen "umgeräumt" werden können.

Die anschließende Plenumsdiskussion dient der Mitteilung etwaiger neuer Erkenntnisse über sich selbst.

Die Gefühlskiste:

Gefühle die ich akzeptiere und äußere
Gefühle die ich kenne ober nicht äußere
Gefühle von denen ich nichts weiß, die ich nicht wil'

7. Sitzung: Reflexion

Es erfolgen Reflexion und Auswertung im Hinblick auf erworbene Kompetenzen für Sozialarbeiter/Sozialpädagogen.

7 Anmerkungen

1. zit. nach Wolfgang Memmert: Didaktik in Grafiken und Tabellen. Regensburg 1983, S. 17

2. vgl. Bellermann, M. / Hüttl, H. / Meyer, R. / Schmidt, G. / Schrapper, Chr. / Volk, R.: Berufsorientierung im Studienverlauf. abschlussbericht des Forschungsprojektes "Praxisorientierung der Fachhochschulausbildung zum Sozialarbeiter/Sozialpädagogen." Wissenschaftliche Informationsschriften der Arbeitsgemeinschaft für Erziehungshilfe (AFET) e.V. Bundesvereinigung Hannover 1988, Heft 11, S. 5

3. vgl. Rohde: Sozialpädagogische Hochschulausbildung. Frankfurt/Main 1988, S. 2

4. vgl. Fachhochschulgesetz des Landes Nordrhein-Westfalen und die Verordnung zur Regelung der Diplomprüfung (Diplomprüfungsordnung) für die Studiengänge der Fachrichtung Sozialwesen an Fachhochschulen und für entsprechende Studiengänge an Universitäten - Gesamthochschulen - im Lande Nordrhein-Westfalen (DPO) vom 25. Juni 1982 (GV. NW. 1982, S. 416 ff.)

5. vgl. Klüsche, W.: Professionelle Helfer. Anforderungen und Selbstdeutungen: Analyse von Erwartungen und Bedingungen in Arbeitsfeldern der Sozialarbeit und Sozialpädagogik. Aachen 1990, S. 175

6. vgl. Goll, D. / Metzmacher, U. / Sauer, P.: Die Ausbildung von Sozialarbeitern/Sozialpädagogen. Eine Darstellung aus der Sicht der Betroffenen. In: Sozialpädagogik, 1989, Heft 3, S. 106-113

7. vgl. Klapprott, J.: Berufliche Erwartungen und Ansprüche an Sozialarbeiter, Sozialpädagogen. Berufsbild, Arbeitsbedingungen und Arbeitsmarkttendenzen im Spiegel einer Befragung von Stellenanbietern. Weinheim 1987, S. 27-35

8. vgl. Meyer, B.: Fachhochschule im Funktionswandel - Auf der Suche nach einer neuen Identität - Thesen. In: Krause, H.-J.: Geschichte, Gegenwart und Zukunft sozialer Berufe. Schriftenreihe der Fachhochschule Düsseldorf, 1989, Heft 1, S. 47

9. Weber, G.: Sozialarbeit zwischen Arbeit und Profession. In: Soziale Welt, 23, Jhrg. 1972, Heft 4, S. 432 - 446. Zit. nach Ferchoff, W.: (Neu-) Bestimmung von Professionalität in der Sozialpädagogik. In: Krause, H.-J.: 1989, S. 120

10. vgl. Gildemeister, R.: Als Helfer überleben. Neuwied 1983, S. 14

11. Ridder, P.: Not und Hilfe: Sozialer Wandel personenbezogener Dienste. Vorlage zum 21. Deutschen Soziologentag. Bamberg 1982, S. 139

12. Diesen Ausdruck verwendet Ferchoff im Hinblick auf eine Neubestimmung von Professionalität in der sozialen Arbeit. Es geht ihm darum, ein Wissen, das man hat, auch fallgerecht, d.h. der "Logik der Praxis" gemäß anzuwenden. Vgl. Ferchoff, W.: (Neu-) Bestimmung von Professionalität in der Sozialpädagogik. In: Krause, H.-J.: 1989, S. 113 - 148

13. vgl. hierzu auch Kap. 5.1 "Gruppendynamik und Sensitivity Training"

14. vgl. Fittkau, B. / Müller-Wolf, H.-M. / Schulz von Thun, F.: Kommunikation lernen (und umlernen). Braunschweig 1977

15. vgl. Hüfner, K.: Der Forschungsansatz des Forschungsprojektschwerpunktes - Positionsbeschreibung. In: Freie Universität Berlin. Zentralinstitut für sozialwissenschaftliche Forschung. Forschungsprojektschwerpunkt "Ökonomische Theorie der Hochschule." Arbeitshefte. Symposium Hochschule im Spannungsfeld von externer Funktionalität und interner Rationalität. Heft 3, Berlin 1984, S. 64

16. vgl. Over, A.: Die deutschsprachige Forschung über Hochschulen in der Bundesrepublik Deutschland. Eine kommentierte Bibliographie 1965-1985. München, New York, London, Paris 1988, S. 11

17. In Over, München, New York, London, Paris, S. 11 werden hierzu als Literaturhinweise angeführt:

- Fichte, J.-G.: Deduzierter Plan einer zu Berlin zu errichtenden Lehranstalt. In: Fichte H.-J. (Hrsg.): Fichtes gesammelte Werke. Band 8, ohne Ortsangabe 1807.

- Schleiermacher, F.: Gelegentliche Gedanken über Universitäten im deutschen Sinn. In: Braun, O. (Hrsg.): Ausgewählte Schriften. Band IV, Leipzig 1910.

- Plessner, H.: Zur Soziologie der modernen Forschung und ihrer Organisation in der deutschen Universität. In: Scheler, M. (Hrsg.): Versuche zu einer Soziologie des Wissens. München 1924, S. 407-425

- Paulsen, F.: Geschichte des gelehrten Unterrichts auf den deutschen Schulen und Universitäten vom Ausgang des Mittelalters bis zur Gegenwart. Band 1 und 2 Berlin, Leipzig 1885, (1919/21).

- Denifle, H.: Die Entstehung der Universitäten des Mittelalters. Berlin 1885, (1959).

- Kaufmann, G.: Geschichte der deutschen Universitäten. Band 1 und 2 Stuttgart 1896.

18. Eine ausführliche Übersicht findet man in der Bibliographie zur Hochschulforschung von Traugott Schöfthaler, die etwa 2.000 Titel enthält. In: Goldschmidt, D. / Teichler, U. / Webler, W.-D. (Hrsg.): Forschungsgegenstand Hochschule. Überblick und Trendbericht. Frankfurt, New York 1984. Eine weitere ausführliche und systematische Bibliographie findet sich bei Over, A.: München, New York, London, Paris 1988. Over weist in seiner Einleitung darauf hin, dass diese umfangreiche Bibliographie Abgeschlossenheit und Etabliertheit und eindeutige Standards eines Forschungsbereiches suggeriere. Tatsächlich befinde sich dieser Forschungsbereich in der Entwicklung. Unbeschadet vieler bedeutsamer Erträge weise dieser Forschungsbereich deutlich sichtbare Defizite und Brüche auf.

19. Studien zum Einkommen von Hochschulabsolventen:

   - Paff, M. / Fuchs, G.: Bildung, Ungleichheit und Lebenseinkommen in der Bundesrepublik Deutschland. In: OECD (Hrsg.): Bildung, Ungleichheit und Lebenschancen. Frankfurt 1978, S. 84-109.

- Brinkmann, G. u. a.: Bildungsökonomik und Hochschulplanung. Literaturbericht über die Anwendung einer neuen Disziplin. Darmstadt 1976.

- Clement, W. / Tessaring, M. / Weisshuhn, G.: Zur Entwicklung der qualifikationsspezifischen Einkommenrelationen in der Bundesrepublik Deutschland. In: Mitt AB 13 (2), S. 184-212

20. Zum Beispiel:

- Meulemann, H.: Soziale Herkunft und Schullaufbahn. Frankfurt, New York 1979

- Mayer, K.-U.: Sozialhistorische Materialien zum Verhältnis von Bildungs- und Beschäftigungssystem bei Frauen. In: Beck, U. / Hörning, K.-H. / Thomssen, W. (Hrsg.): Bildungsexpansion und betriebliche Beschäftigungspolitik. Beiträge zum 19. Deutschen Soziologentag Berlin 1979. Frankfurt 1980.

21. vgl. Goldschmidt, D. / Teichler, U. / Webler, W.-D. (Hrsg.): Forschungsgegenstand Hochschule. Überblick und Trendbericht. Frankfurt/Main, New York 1984

22. vgl. Huber, L. (Hrsg.): Ausbildung und Sozialisation in der Hochschule. In: Lenzen, D. (Hrsg.): Handbuch und Lexikon der Erziehung. Band 10. Stuttgart 1983, S. 15-24

23. vgl. Goldschmidt. D.: Die gesellschaftliche Herausforderung der Unversität. Historische Analysen, internationale Vergkeiche, globale Perspektiven. Weinheim 1991

24. vgl. Francke, R. / Klüver, J. / Rieck, W. (Hrsg.): Krise des Studiums als Krise der Wissenschaften. Ergebnisse der Jahrestagung 1980 der AHD. Blickpunkt Hochschuldidaktik (AHD). Hamburg 1981, S.11

25. vgl. Lübbe, H.: Hochschulreform und Gegenaufklärung. Freiburg, Basel, Wien 1972, S. 122

26. vgl. Dahrendorf, R.: Autonomie der Universität? In: Flitner, A. / Herrmann, U. (Hrsg.): Universität heute. Wem dient sie? Wer steuert sie? München 1977, S. 13-31

27. Das Stichwort dafür ist "trainee-on-the-job", dass heißt, dass die eigentliche praktische Ausbildungsphase innerhalb der ersten Berufseinstiegsphase beginnt. Die generelle Ausbildung der Universitäten sollte neben dem Wissenschaftsbezug die Ausbildung von Persönlichkeitsmerkmalen beinhalten; vgl. hierzu auch Kapitel 1.5 Qualifikationsforschung.

28. vgl. Raiser, L.: Aufgaben der Universität im europäischen Vergleich. In: Flitner, A. / Herrmann, U. (Hrsg.): Universität heute. Wem dient sie? Wer steuert sie? München 1977, S. 245-265

29. vgl. Bundesassistentenkonferenz (BAK): Kreuznacher Hochschulkonzept. Reformziele der Bundesassistentenkonferenz. Beschlüsse der zweiten Vollversammlung in Bonn 10. und 11. 10. 1968. Bonn 1968.

30. vgl. Lübbe, H.: Hochschulreform und Gegenaufklärung. Freiburg, Basel, Wien 1972, S.14

31. vgl. Grosser, A.: Universität und Politik. In: Flitner, A./ Herrmann, U. (Hrsg.): Universität heute. Wem dient sie? Wer steuert sie? München 1977 S. 83-103

32. vgl. Klüver, J.: Universität und Wissenschaftssystem. Die Entstehung einer Institution durch gesellschaftliche Differenzierung. Frankfurt, New York 1983, S. 29

33. vgl. Jungbluth, G / Metz-Göckl, S. / Becker, E. / Bülow, M. / Klüber, J ./ Krauss, H. / Bargel, T.: Erziehungs- und sozialwissenschaftliche Studienelemente in der Lehrerausbildung - Probleme der sozialen und sozialwissenschaftlichen Qualifikation unter den gegenwärtigen Rahmenbe3dingungen. In: Bargel T. / Bürmann, J. / Jungblut, G.: Hochschulsozialisation und Studienreform. Erfahrungsberichte und Reflexionen über die Bedeutung des Sozialisationskonzeptes in der Hochschuldidaktik. Blickpunkt Hochschuldidaktik AHD), Hamburg 1977, S. 95-123

34. vgl. Klüver, J.: Hochschule und Wissenschaftssystem. Die Entstehung einer Institution durch gesellschaftliche Orientierung. Frankfurt, New York 1983, S.

35. vgl. Becker, E.: Hochschule und Gesellschaft. Funktion der Hochschule und Reproduktionsprobleme der Gesellschaft. In: Huber, L.: -Ausbildung und Sozialisation in der Hochschule. Stuttgart 1983, S. 29-55

36. vgl. Klüver, J.: Hochschule und Wissenschaftssystem. Ebenda, S. 78

37. vgl. Turner, G.: Funktionalität aus der Sicht der Hochschule -Möglichkeiten und Grenzen extern bestimmter Aufgabenerfüllung. In: Freie Universität Berlin. Zentralinstitut für sozialwissenschaftliche Forschung. Forschungsprojekt "Ökonomische Theorie der Hochschule" Arbeitshefte. Symposium: Hochschule im Spannungsfeld von externer Funktionalität und interner Rationalität. Heft 3, 1984, S. 19

38. vgl. Klüver, J.: a.a.O., 1983

39. vgl. Dahrendorf, R.: Autonomie der Universität. In: Flitner, A., Herrmann, U. (Hrsg.): Universität heute. Wem dient sie? Wer steuert sie? München 1977, S. 13-31

40. vgl. Bundesassistentenkonferenz: Kreuznacher Hochschulkonzept. Reformziele der Bundesassistentenkonferenz. Beschlüsse der zweiten Vollversammlung in Bonn 10. und 11. 10. 1968, S. 11-14

41. vgl. Klüver, J.: a.a.O., 1983

42. vgl. Klüver, J.: a.a.O., 1983vgl.

43. Goldschmidt. D.: Die gesellschaftliche Herausforderung der Universität. Historische Analysen, internationale Vergleiche, globale Perspektiven. Weinheim 1991.

44. vgl. Becker, E.: Hochschule und Gesellschaft. Funktion der Hochschule und Reproduktionsprobleme der Gesellschaft. In: Huber, L. (Hrsg.): Ausbildung und Sozialisation in der Hochschule. Stuttgart 1983, S. 29-55

45. vgl. Becker, E.: Hochschule und Gesellschaft. In: Huber, L. (Hrsg.): Stuttgart 1983

46. In meiner vorliegenden Arbeit (vgl. Kapitel 3) werde ich auf diesen Aspekt (bezogen auf die Ausbildung von Sozialpädagogen und Sozialarbeitern) ausdrücklich und ausführlich eingehen.

47. Becker bezeichnet die gängigen Funktionsbestimmungen - wie die Unterscheidung von Qualifikations-, Integrations-, Selektions- und Legitimationsfunktionen - als theoretisch unbefriedigend, aber bildungspolitisch bedeutsame Konsensformeln. Becker meint, dass derart einfache Modellkonstruktionen ein hohes Maß an theoretischen und empirischen Aussagen haben, ohne die möglichen Funktionen theoretisch begrenzen zu können. Zugleich kritisiert er, dass zur Ausarbeitung der einzelnen Funktionen Aussagen aus unterschiedlichen theoretischen Konstrukten benutzt werden (zum Beispiel für die "Qualifizierungsfunktion" bildungsökonomische Theoreme, für die "Selektionsfunktion" Ergebnisse klassentheoretischer Modelle, für die "Legitimationsfunktion" staatstheoretische Modelle). Als dritten Kritikpunkt sieht Becker, dass die einzelnen Funktionsmodelle als dominant erklärt werden könnten, so dass sich die entsprechenden Funktionsmodelle dann ohne theoretische Probleme mit bildungspolitischen Zielen verbinden lassen. vgl. Becker, E.: Hochschule und Gesellschaft. In: Huber, L. (Hrsg.): Stuttgart 1983..

48. vgl. Hartung, D. / Nuthmann, R. / Parmentier, K. / Teichler, U. / Tessaring, M.: Aspekte der Studienreform I. Qualifikation Beruf Arbeitsmarkt. Blickpunkt Hochschuldidaktik. Hamburg 1979, S. III

49. vgl. Turner, G.: Funktionalität aus der Sicht der Hochschule - Möglichkeiten und Grenzen extern bestimmter Aufgabenerfüllung - In: Freie Universität Berlin. Zentralinstitut für sozialwissenschaftliche Forschung. Forschungsprojektschwerpunkt "Ökonomische Theorie der Hochschule." Arbeitshefte. Symposium Hochschule im Spannungsfeld von externer Funktionalität und interner Rationalität. Heft 3, Berlin 1984, S. 19-20

50. vgl. Teichler, U.: Hochschule und Beschäftigungssystem. In: Huber, L. (Hrsg.): Ausbildung und Sozialisation in der Hochschule. In: Lenzen, D. (Hrsg): Handbuch und Lexikon der Erziehung. Band 10. Stuttgart 1983, S. 59-77

51. vgl. Nuthmann, R.: Bildungsexpansion, Berufs- und Qualifikationsentwicklungen. In: Teichler, U. (Hrsg.): Hochschulreform und Beruf. Problemlage und Aufgaben der Forschung. Frankfurt/Main; New York 1979, S. 9-39

52. vgl. Anweiler, O. / Hearnden, A.-G. (Hrsg.): Sekundarschulbildung und Hochschule. From secundary to Higher Education. Aus: Bildung und Erziehung. Beiheft 1. Köln, Wien 1983, S.116 und 278-279

53. vgl. Baethge, M. / Teichler, U.: Bildungssystem und Beschäftigungssystem. In: Lenzen, D. (Hrsg.): Handbuch und Lexikon der Erziehung. Band 5. Organisation, Recht und Ökonomie des Bildungswesens. Stuttgart 1984, S. 206-225

54. Forschungsansätze findet man bei:

- Holtkamp, R. /Teichler, U. (Hrsg.): Berufstätigkeit von Hochschulabsolventen. Forschungsergebnisse und Folgerungen für das Studium. Frankfurt, New York 1983

- Busch, D.: Tätigkeitsfelder und Qualifikationen von Wirtschafts-, Sozial-, Ingenieur- und Naturwissenschaftlern. Frankfurt, New York 1981

- Hartung, D. u. a.: Aspekte der Studienreform. Bd. 1: Qualifikation - Beruf - Arbeitsmarkt. Blickpunkt Hochschuldidaktik AHD, Bd. 56, Hamburg 1979

- Projektgruppe Soziale Berufe: Sozialarbeit: Professionalisierung und Arbeitsmarkt. München 1981

55. vgl. Teichler, U.: Hochschule und Beschäftigungssystem. In: Huber, L. (Hrsg.): Ausbildung und Sozialisation in der Hochschule. Handbuch und Lexikon der Erziehung. Band 10. Stuttgart 1983, S. 59-61

56. vgl. Goldschmidt, D. / Teichler, U ./ Webler, W.-D. (Hrsg.): Forschungsgegenstand Hochschule. Überblick und Trendbericht. Frankfurt/Main, New York 1984

57. vgl. Klapprott, J., 1987 und Klüsche, W., 1990

58. vgl. Offe, C.: Leistungsprinzip und industrielle Arbeit. Frankfurt/Main 1970

59. vgl. Hartung, D./ Nuthmann, R./ Parmentier, K./ Teichler, U. /Tessaring, M.: Aspekte der Studienreform I. Qualifikation Beruf Arbeitsmarkt. Blickpunkt Hochschuldidaktik, Heft 56. Hamburg 1979

60. vgl. Wagemann, C.-H.: Qualifikation und Qualifikationsforschung. In: Teichler, U. (Hrsg.): Hochschule und Beruf. Problemlage und Aufgaben der Forschung. Frankfurt/Main, New York 1979 S 113-119

61. vgl. Nuthmann, R.: Bildungsexpansion, Berufs- und Qualifikationsentwicklungen. In: Teichler, U. (Hrsg.): Hochschule und Beruf. Problemlage und Aufgaben der Forschung. Frankfurt/Main, New York 1979, S 9-39

62. vgl. Ekardt, Nuthmann, 1979

63. vgl. Teichler, U.: Hochschule und Beschäftigungssystem. In: Huber, L. (Hrsg.): Ausbildung und Sozialisation in der Hochschule. In: Lenzen, D. (Hrsg.): Handbuch und Lexikon der Erziehung. Band 10. Stuttgart 1983, S. 59-77

64. vgl. Hartung, D. / Nuthmann, R.: Zur Problematik eines methodischen Ansatzes der "Ein- und Abgrenzung von Tätigkeitsfeldern". In: Hartung, G. / Neef, W. / Nuthmann, R.: Tätigkeitsfelder und Praxisbezug. Blickpunkt Hochschuldidaktik, Heft 34. Hamburg, S. 5

65. vgl. Nuthmann, R.: Annahmen zur Veränderung der Qualifikationsprozesse hochschulqualifizierter Arbeitskräfte und ihrer Verwertung im Beschäftigungssystem. In: Faltin, G. / Herz, U. (Hrsg.): Berufsforschung und Hochschuldidaktik II. Blickpunkt Hochschuldidaktik, Heft 33. Hamburg 1974, S.13 ff

66. vgl. Busch, D./ Hommerich, C.: Der akademische "Modellathlet": Tendenzen, Erwartungen, Widersprüche. In: Hochschulexpansion und Arbeitsmarkt. Problemstellungen und Forschungsperspektiven. Beiträge zur Arbeitsmarkt- und Berufsforschung. Nürnberg, 1983. Heft 77, S. 77 ff

67. vgl. Goebel, U.: Flexibel und mobil: Wünsche von Großunternehmen an Hochschulabsolventen. In: Institut der deutschen Wirtschaft (Hrsg.): Streitsache Akademikerbedarf. Köln 1979

- von Landsberg G.: Hochschule - Wirtschaft: Übergang und Berufsstart. In: UNI Berufswahlmagazin 4. 1980, S. 28-32

68. vgl. Hillmer, H./ Peters, R.-W. / Polke, M.: Studium und Beruf der Ingenieure. Düsseldorf 1977.

69. vgl. Jühe, H.: Berufssituation und Fortbildungsverhalten der Wirtschaftswissenschaftler. Stuttgart 1975

- Kemmet, C. / Linke, H. / Wolf, R.: Studium und Berufschancen. Herford 1982

70. vgl. Jühe, H.: Berufssituation und Fortbildungsverhalten der Wirtschaftswissenschaftler. Stuttgart 1975

71. vgl. Bebenburg v., M. / Lamnek, S.: Zur Situation Münchner Soziologen in Ausbildung und Beruf. München 1974

72. vgl. Goldschmidt, D.: Studium wozu? 15 Punkte zum Wandel von Hochschulen und Studium in Beziehung zum Beschäftigungssystem. In: Neue Sammlung, Heft 19, S. 288-309

73. vgl. Zeidler, R.: Rollenanalyse von Führungskräften der Wirtschaft. Dissertation. Nürnberg 1971

74. vgl. Bundesminister für Bildung und Wissenschaft (Hrsg.): Hochschule - Studium - Berufsvorstellungen. Schriftenreihe Studien zu Bildung und Wissenschaft. Heft 50. Bonn 1987, S.15f f

75. Francke, R.: Ziele und Widerstände eines neuen Wissenschaftsbegriffs. In: Franke, R. / Klüver, J. / Rieck, W. (Hrsg.): Krise des Studiums als Krise der Wissenschaften. Ergebnisse der Jahrestagung 1980 der AHD. Blickpunkt Hochschuldidaktik. Heft 67. Hamburg 1981, S. 188

76. Eine Beschreibung über die Errichtung der Fachhochschulen findet sich in Kapitel 2. 2 "Die Reform".

77. Die Ursachen für diese Krise werden in Kapitel 1. 1 "Wissenschaft und Forschung" dargelegt.

78. siehe hierzu Kapitel 2. 3 "Die Fachhochschulebene"

79. Eine Diskussion über die Funktionen der Hochschule in der Bundesrepublik Deutschland findet in Kapitel 1. 3 statt.

80. Siehe Kapitel 2 "Die Entwicklung der sozialen Ausbildung", Kapitel 3. 1 "Das Praxisfeld der sozialen Arbeit", Kapitel 3 "Anforderungen an den Sozialarbeiter/Sozialpädagogen"

81. Ausführlich wird darüber im Kapitel 1. 5 "Qualifikationsforschung" diskutiert.

82. Die Unterscheidung der Qualifikationen wird im Kapitel 1.5 beschrieben. Die Besonderheit der Ausbildung von Sozialarbeitern/Sozialpädagogen wird im Kapitel 3 dargelegt.

83. vgl. Greshake, B.: Frauenbewegung und die Entstehung der Ausbilung für die soziale Arbeit. In: Jers, N. (Hrsg.): Soziale Arbeit gestern und morgen. Festschrift zum 75jährigen Bestehen der katholischen Ausbildungsstätte für Sozialarbeit und Sozialpädagogik in Aachen. Aachen 1991, S. 32

84. vgl. Müller, C.-W.: Wie helfen zum Beruf wurde. Eine Methodengeschichte der Sozialarbeit 1883 - 1945. Band 1, 2. überarb. u. erw. Aufl., Weinheim und Basel 1988, S. 123

85. vgl. Baron, R.: Eine "Unvollendete" in Variationen. Zur Entwicklung der sozialen Ausbildung. In: Soziale Arbeit, Jhrg. 1983, Heft 6, S. 261

86. Müller, C.-W.: 1988, S. 128

87. vgl. ebenda, S. 137

88. Müller verwendet hier den Begriff der Frauenrechtlerin zu Unrecht. Aus der Lebensgeschichte A. Salomons wird klar, dass sie den (für Frauen) erlaubten Weg der sozialen Tätigkeit ging, weil ihre Mutter ihr verbot, den Beruf der Lehrerin zu ergreifen. A. Salomon wollte aus persönlichen Gründen der Eintönigkeit des Lebens "höherer Töchter" ent-

rinnen. Durch eine Einladung zur Gründungsversammlung der "Mädchen- und Frauengruppen für soziale Hilfsarbeit" kam sie eher zufällig mit sozialer Arbeit in Berührung.

89. vgl. Fesel, V.: Die soziale Frage bewegte die bürgerlichen Männer, die soziale Arbeit die bürgerlichen Frauen. In: Fesel, V. / Rose, B. / Simmel, M.: Sozialarbeit - ein deutscher Frauenberuf. Pfaffenweiler 1992, S. 22 und 23

90. vgl. Eyferth, H. / Otto, H.-U. / Thiersch, H. (Hrsg.): Handbuch zur Sozialarbeit/Sozialpädagogik. Studienausgabe. Neuwied, Darmstadt 1987, S. 162

91. vgl. Baron, R.: 1983, S. 263

92. vgl. Salomon, A.: Soziale Frauenbildung. Leipzig und Berlin 1908, S. 14 ff

93. Salomon, A.: ebenda, S. 15

94. Salomon, A.: ebenda, S. 16

95. vgl. Baron, R.: 1983, S. 263

96. vgl. Kronen, H.: Sozialpädagogik. Geschichte und Bedeutung des Begriffs. Frankfurt/Main 1980, S. 26

97. vgl. Krapohl, L. / Simon, W.: Die Entwicklung von Arbeitsfeldern und Berufsstrukturen (Berufsbildern) der Sozialarbeit/Sozialpädagogik. In: Jers, N. (Hrsg.): 1991, S. 110

98. Weltmann, A.: Idee und Verwirklichung der sozialen Frauenschule des K.F.D. Berlin. Berlin 1918, S. 5

99. vgl. Soziale und caritative Frauenschule des kath. Frauenbundes in Bayern: Bericht über die Jahre 1909/1918. München, 1918 S. 11 und 12. (Lehrplan 1915/16)

100. vgl. Zeller, S.: Maria von Graimberg. 40 Jahre Sozialarbeiterinnenausbildung in Heidelberg. Freiburg im Breisgau 1989, S. 51ff

101. Salomon, A.: Charakter ist Schicksal - Lebenserinnerungen. O. Jahresangabe. Zit. nach Baron, R.: 1983, S. 263

102. Salomon, A.: Soziale Diagnose. Berlin 1926, S. 60

103. Salomon, A.: Ausbildung weiblicher Beamten für die Wohlfahrtspflege. Schriften der Zentralstelle für Volkswohlfahrt. Jhrg. 1919, Heft 14, S. 112

104. vgl. Baron, R.: 1983, S. 266

105. vgl. Müller, C.-W.: 1988, 214 ff

106. vgl. Rohde, B.: Sozialpädagogische Hochschulausbildung. Frankfurt/Main 1989, S. 152f

107. Pfaffenberger entwickelte 1969 das theoretische Konstrukt "bereichspezifische Disparität" und stellte es unter dem Titel "Bildungspolitische Aspekte der sozialpädagogisch/sozialen Ausbildung" vor, in Aurin, K. (Hrsg.): Bildungspolitische Probleme in psychologischer Sicht, Frankfurt 1969

108. vgl. Pfaffenberger, H.: Ausbildung, Studienreform und Arbeitsmarkt der Sozialpädagogik/Sozialarbeit. In: Theorie und Praxis der sozialen Arbeit, Jhrg. 1986, Heft 5, S. 163

109. vgl. Pfaffenberger, H.: Thesen zur Situation der Ausbildung für Sozialpädagogik/Sozialarbeit. In: Theorie und Praxis der sozialen Arbeit, Jhrg. 1981, Heft 6, S. 214

110. Rohde, B.: 1989

111. vgl. Weber, D.-P.: Fachhochschulen für Sozialarbeit und Sozialpädagogik. Die Neuordnung der Höheren Fachschulen und fachbezogenen Akademien für Sozialarbeit und Sozialpädagogik im Hochschulbereich. Eine Analyse zur Situation. In: Soziale Arbeit, 20. Jhrg. (1971) Heft 2, S. 53f. u. S. 57

112. vgl. Landesarbeitsgemeinschaft der öffentlichen und freien Wohlfahrtspflege in Nordrhein-Westfalen: Empfehlungen zur Gestaltung des Studiums der Fachrichtung Sozialwesen (Sozialarbeit, Sozialpädagogik

und Heilpädagogik) an den Fachhochschulen/Gesamthochschulen in Nordrhein-Westfalen. Ohne Ortsangabe, 17.3. 1988

113. ebenda, S. 14-15

114. Pfaffenberger, H.: Sozialpädagogik/Sozialarbeitswissenschaft als universitäre Disziplin. In: Nachrichtendienst des Deutschen Vereins für öffentliche und private Fürsorge. 53 Jhrg. 1974, Heft 7, 1974, S. 178

115. vgl. Rahmenvereinbarungen der Kultusministerkonferenz von 1976, S. 151

116. vgl. Rohde, B.: 1989, S. 47

117. vgl. Eyferth, H./ Otto, H.-U. / Thiersch, H.: 1987, S. 164

118. vgl. Baron, R.: 1983, S.267 ff

119. vgl. Oelschlägel, D.: Ausbildung für Sozialarbeiter/Sozialpädagogen. In: Eyfert, H. / Otto, H.-U. / Thiersch, H.: 1987, S. 169

120. vgl. Bock, T. /Lowy, L.: Lehrplanentwicklung für Sozialarbeiter und Sozialpädagogen. Freiburg im Breisgau 1974, S. 319

121. vgl. Landesarbeitsgemeinschaft der öffentlichen und freien Wohlfahrtspflege in Nordrhein-Westfalen: 1988, S. 3

122. vgl. Müller, B.: Sozialpädagogisches Handeln. In: Eyfert, H. / Otto, H.-U. / Thiersch, H.: 1987, S. 1046

123. Hier sind die kLassischen Modelle der Methodenlehre sozialer Arbeit gemeint, z. B. social case-work, group- und community work.

124. vgl. Müller, B.: Sozialpädagogisches Handeln. In: Eyfert, H. / Otto, H.-U. / Thiersch, H.:, 1987, S. 1047

125. vgl. Lau, T. / Wolff, S.: Grenzen von Modellen sozialpädagogischer Kompetenz. In: Neue Praxis, Jhrg. 1982, Heft 4, S. 299 f

126. vgl. Müller, B.: Zum Stellenwert von Konzepten sozialpädagogischer Handlungskomopetenz. In: ebenda, S. 307

127. vgl. Landesarbeitsgemeinschaft der öffentlichen und freien Wohlfahrtspflege Nordrhein-Westfalen: 1986, S. 17

128. ebenda, S. 11 ff

129. Wendt, W.-R.: Das breite Feld der sozialen Arbeit: Historische Beweggründe und ökologische Perspektiven. In: Oppl, H. / Tomaschek, A.: Soziale Arbeit 2000. Soziale Probleme und Handlungsflexibilität. Freiburg im Breisgau, Band 1, S. 43

130. vgl. Klapprott, J.: 1987, S. 36

131. ebenda, S. 39

132. vgl. Klüsche, W.: 1990, S. 72

133. vgl. Klüsche, W.: 1990, S. 75

134. Hege, M.: Die Bedeutung der Methoden in der Sozialarbeit. In: Projektgruppe Soziale Berufe (Hrsg.): Sozialarbeit: Ausbildung und Qualifikation. München 1981, S. 157

135. Ferchhoff, W.: (Neu-)bestimmung von Professionalität in der Sozialpädagogik. In: Krause, H.-J.: 1989, S. 120

136. vgl. Wendt, W.-R. (Hrsg.): Studium und Praxis der Sozialarbeit. Stuttgart 1985, S. 13

137. vgl. Nieke, W.: Zum Begriff der pädagogischen Handlungskompetenz. Unveröffentliches Manuskript zur 2. wissenschaftlichen Arbeitstagung der Kommission Sozialpädagogik, Bielefeld 1979, S. 20

138. Ferchhoff, W.: (Neu-)bestimmung von Professionalität in der Sozialpädagogik. Aus: Krause, H.-J.:1989, S. 129

139. Ferchhoff, ebenda, S. 128/129

140. vgl. Bericht der Arbeitsgruppe "Arbeitslosigkeit" an die Konferenz der Fachbereichsleitungen der Fachbereiche für Sozialwesen. In: Hanesch, W. (Hrsg.):Fachhochschule und Arbeitslosigkeit. Perspektiven für Arbeitsmarkt und Ausbildung in der sozialen Arbeit. Weinheim und München 1989, S. 23

141. Müller, B.: Sozialpädagogisches Handeln. In: Eyfert, H. / Otto, H.-U. / Thiersch, H. (Hrsg.): 1987, S. 1045

142. vgl. Gildemeister, R.: Als Helfer überleben. Neuwied 1983

143. vgl. Knüppel, H. / Wilhelm, J.: Hochschuldidaktische Überlegungen zur Problematik von Studienanfängern. In: Diskussionsbeiträge zur Ausbildungsforschung und Studienreform Nr. 1, Bielefeld 1984

144. vgl. Kap. 4. und Dewe, B. / Ferchhoff, W. / Peters, F. / Stüwe, G.: Professionalisierung - Kritik - Deutung. Soziale Dienste zwischen Verwissenschaftlichung und Wohlfahrtsstaatskrise. ISS-Materialien Nr. 27. Institut für Sozialarbeit und Sozialpädagogik. Frankfurt/Main 1986, S. 233/234

145. vgl. Gaiser, W. / Gugl, G.: Gruppendynamik in der Sozialarbeiterausbildung - Ein Anwendungsbeispiel von analytischer Selbsterfahrung. In: Neue Praxis, 1981, Heft 11, S. 253

146. vgl. Ferchoff, W.: (Neu-)Bestimmung von Professionalität in der Sozialpädagogik. In: Krause, H.-J.: 1989, S.115

147. vgl. Gaiser, W./ Gugl, G.: 1981, S. 254

148. Ehrhardt-Kramer, A. / Hanesch, W.: Innovation in der sozialen Arbeit - durch Innovation der Ausbildung? In: Maelicke, B. (Hrsg.): Soziale Arbeit als soziale Innovation - Veränderungsbedarf und Innovationsstrategien. Weinheim, 1987, S. 106

149. Schmidtbauer, W.: Helfen als Beruf, Reinbek bei Hamburg, überarb. und erw. Neuauflage 1992, S. 28

150. Salustowicz, P. / Neuser, H. / Klinkmann, N.: Die Ausbildung in der sozialen Arbeit. Kritik und Perspektiven. Weinheim und Basel 1985, S. 11 (Klammersetzung im Original)

151. Kerkhoff, E.: Die Rolle des Sozialarbeiters und Sozialpädagogen. In: Kerkhoff, E. (Hrsg.): Handbuch Praxis der Sozialarbeit und Sozialpädagogik. Düsseldorf 1981, Bd. 1, S. 182

152. vgl. Schmidtbauer, W.: Die hilflosen Helfer. Über die seelische Prolematik der helfenden Berufe. Hamburg 1977, S. 37ff

153. vgl. Schmidtbauer, W.: 1977, S. 90

154. vgl. Wellhöfer, P.-R.: Und immer noch - das Helfersyndrom oder: Warum studiert man Sozialpädagogik. In: Sozialmagazin, Jhrg. 1988, Heft 12, 1988, S. 32-35

155. vgl. Aronson, E. / Pines, A.-M./ Kafry, D.: Vom Überdruß zur Selbstentfaltung. Stuttgart 1983

156. Bradley, H.-B.: Community-base treatment for young adult offenders. Crime and Delinquency, Vol. 15, 359-370. zit. nach: Hamel, T. / Windisch, M. / Boscheinen, B. / Hubrich, B. / Leonhäuser, B.: Burnout in der Altenpflege. Erscheinungsformen und Bedingungen im Spiegel empirischer Untersuchungsergebnisse. In: Soziale Arbeit, Jhrg. 1991, Heft 7, 1991, S. 227

157. vgl. Markus, E. / Volker, E.: Burnout bei Sozialarbeiter/innen im Raum Ravensburg. In: Die berufliche Sozialarbeit Jhrg. 1991, Heft 4, S. 101

158. vgl. ebenda, S.101

159. vgl. Freudenberger, H.-J. / Richelson, G.: Ausgebrannt. Die Krise der Erfolgreichen - Gefahren erkennen und vermeiden. München 1980, S. 38

160. vgl. Maslach, Ch.: Das Problem des "Ausbrennens" bei professionellen Helfern. In: Wacker, E. / Neumann, J. (Hrsg.): Geistige Behinderung und soziales Leben. Frankfurt und New York 1985, S. 250

161. vgl. Klüsche, W.: 1990, S. 19

162. vgl. Fengler, J.: Helfen macht müde. Zur Analyse und Bewältigung von Burnout und beruflicher Deformation. München 1991

163.vgl. Schmidtbauer, W.: 1977, S. 7 f

164.vgl. Wellhöfer, P.-R.: 1988, S. 35

165.vgl.Prior, H.: Gruppendynamik in der Seminararbeit. In: Blickpunkt Hochschuldidaktik, Jhrg. 1972, Heft 11, S. 79

166.vgl. Bach, G.: Psychoboom. Düsseldorf und Köln 1976

167.vgl. Trescher, H.-G.: Gruppenanalytische Selbsterfahrung in der Ausbildung von PädagogikstudentInnen. In: Gruppenpsychotherapie, Gruppendynamik, Jhrg. 1989, Heft 24, S. 364-376

168.vgl. Schmidt, B.: Psychodrama - eine Hilfe für Studenten? In: Gruppenpsychotherapie, Gruppendynamik, Jhrg. 1986, Heft 21, S. 285 - 306

169.vgl. Garlichs, A.: Selbsterfahrung als Bildungsaufgabe in der Schule. In: Zeitschrift für Pädagogik, Jhrg. 1985, Heft 31, S. 365-383

170.vgl. Trescher, H.-G.: 1989, S. 368

171.vgl.Petzold, H. / Frühmann, R. (Hrsg.): Modelle der Gruppe in Psychotherapie und psychosozialer Arbeit. Paderborn 1986, S.222 - 223

172.vgl. Sbandi, P.: Gruppenpsychologie. Einführung in die Wirklichkeit der Gruppendynamik aus sozialpsychologischer Sicht. München 1975, S. 92

173.vgl. Küchler, J.: Gruppendynamische Verfahren in der Aus- und Weiterbildung. München 1979, S. 15

174.vgl. Mucchielli, R.: Gruppendynamik. Arbeitsbücher zur psychologischen Schulung. Salzburg o. J., S. 5

175.vgl. Kühne, N.: Lerntheorie. In: Kritisches Lexikon der Erziehungswissenschaft und Bildungspolitik. Frankfurt 1975, S. 238

176.Fritz, J.: Emanzipatorische Gruppendynamik. München 1974, S. 43

177.vgl. Küchler, J.: 1979, S. 15

178.vgl. Spangenberg, K.: 1972, S. 80; Däumling, A.-M.: 1973, S. 10; Sbandi, P.: 1975, S. 179; Proske, R. (Hrsg.): 1976, S. 250; Petzold, A.: 1986, S. 211 (Petzold erweitert den Begriff "Therapie für Normale" und nennt ihn "Psychotherapie für Gesunde")

179.vgl. Küchler, J.: 1979, S. 15ff

180.vgl. Pritz, A.: Selbsterfahrungsgruppen. Theoretische Konzepte und praktische Ansätze. In: Petzold, H. / Frühmann, R. (Hrsg.): 1986, S. 215

181.vgl. Däumling, A.-M.: Sensitivity Training. In: Heigl-Evers, A.: Gruppendynamik. Göttingen 1973, S. 7

182.ebenda, S. 8

183.vgl. Spangenberg, K.: 1972; Küchler, J.: 1979; Sbandi, P.: 1975;

184.vgl. Spangenberg, K.: 1972, S. 80 f

185.vgl. Küchler, J.: 1979, S. 21

186.Die führenden Vertreter der T-Gruppe oder Sensitivity-Gruppe waren Lewin und seine Schüler Lippitt, Bradfort und Benne. Schmidtbauer 1973, S. 30-32, und Däumling, 1973, S. 7-24 präzisieren den Begriff und die Bedeutung von Sensitivity. Ausführlich beschreibt Spangenberg (1969) gruppendynamische Modelle für Erziehung und Unterricht und die Entstehungsgeschichte der Gruppendynamik. Eine grundlegende Übersicht von Gruppenmethoden in bestimmten Ländern geben Fatzer, G. / Jansen, H.-H.: Die Gruppe als Methode. Weinheim und Basel 1980.

187.vgl. Sbandi: 1975; Küchler: 1979; Fatzer: 1980;

188.vgl. Däumling, A.-M.: Sensitivity Training. In: Gruppenpsychotherapie, Gruppendynamik, Jhrg. 1968, Heft 2, S. 113 - 123

189.vgl. Küchler, J.: 1979, S. 138

190.vgl. Klüsche, W.: 1990, S. 96

191. vgl. Leube, K.: Praxisbezüge in der Ausbildung. In: Projektgruppe Soziale Berufe (Hrsg.): Sozialarbeit: Ausbildung und Qualifikation. Expertisen I. München 1981, S. 138

192. Ehrhardt-Kramer, A. / Hanesch, W.: 1987, S. 106

193. vgl. Goll, D., u. a.: 1989, S. 110

194. vgl. Schmidtbauer, W.: 1992, S. 28

195. Im September 1963 wurde das erste gruppendynamische Seminar in der BRD (alte Länder) für hessische Lehrer organisiert (Schliersee-Seminar). Hierzu trugen M. Horkheimer und T. Brocher bei.

- Spangenberg (1969) erweitert die Bezugsfelder auf die Jugendarbeit, die Schule, die Erwachsenenbildung, die Hochschule und die wissenschaftliche Forschung und auf die Wirtschaft und Industrie. Er untersucht die Möglichkeiten der Einbeziehung von gruppendynamischen Seminaren exemplarisch am Beispiel der Lehrerbildung und Lehrerweiterbildung.

- Auch Küchler (1979) greift die Berufsgruppe der Lehrer für die Untersuchung berufsqualifizierender Ausbildungsstrategien gruppendynamischer Verfahren heraus.

- Vopel (1972) bezieht u. a. Lehrer, Mediziner und Psychologen in seine Untersuchungen zu gruppendynamischen Experimenten im Hochschulbereich ein.

- Prior (1970) spricht von der besonderen Bedeutung und Funktion der Gruppendynamik für das Lehrerstudium.

196. vgl. Geulen D.: Sozialisationstheorien. In: Eyfert, H. / Otto, H.-U. / Thiersch, H. (Hrsg.): 1987, S. 957-973

197. vgl. Busch, D. / Hommerich, Ch.: Professionalisierung als Daueraufgabe. Zur Berufseinmündung von Sozialpädagogen/Sozialarbeitern unter verschärften Arbeitsmarktbedingungen. In: Oppl, H. / Tomaschek, A.: 1986, Bd. 2, S. 147 f

198.vgl. Hinte, W. / Springer, W.: Personale Kompetenzen und professionelles Handeln. In: Neue Praxis, Jhrg. 1987, Heft 17, S. 548

199.Goll, D. / Metzmacher, U. / Sauer, P.: Die Ausbildung von Sozialarbeitern/Sozialpädagogen. Eine Darstellung aus der Sicht der Betroffenen. In: Sozialpädagogik, Jhrg. 1989, Heft 3, S. 111

200.vgl. ebenda, S. 106-113

201.Projektgruppe Soziale Berufe (Hrsg.): Sozialarbeit: Ausbildung und Qualifikation. München 1981, S.41

202.Hinte, W. / Springer, W.: 1987, S. 546

203.vgl. ebenda, 1987, S. 545-555

204.vgl. Prior, H.: 1970, S. 34

205.Hanesch, W. (Hrsg.): 1989, S. 26

206.vgl. Hinte, W. / Springer, W.: 1987, S. 552

207.vgl. Huber, L.: Arbeitsschwerpunkte der Hochschuldidaktik. In: Berendt, B. / Gralki, H.-O. / Hecht, H. / Hoefert, H.-W. (Hrsg.): Hochschuldidaktik. Lehren und Lernen im Hochschulalltag. Salzburg 1979, S. 9 - 18

208.vgl. Apenburg, E.: Studienvoraussetzungen bei Studierenden. In: ebenda, S. 23 - 32

209.vgl. Gralki, H.-O.: Kommunikation im Hochschulunterricht. In: ebenda S. 43-49

210.vgl. Schmidt, B.: Gruppendynamische Prozesse in universitären Lerngruppen. In: ebenda, S. 62-70

211.vgl. Gehrmann, G. / Müller, K.-D.: Praxisbezug an Fachhochschulen für Sozialarbeit/Sozialpädagogik. Kommentierende Darstellung empirischer Befunde. In: Neue Praxis, Jhrg. 1985, Heft 2/3, S. 170-180

212. vgl. Brauns, H.-J. / Kramer D.: Die Ausbildung von Sozialarbeitern. Anforderungen an Hochschulen und Einrichtungen der Fortbildung von morgen. In: Oppl, H ./ Tomaschek, A.: 1986, S.175

213. Bellermann, M.: 1988, S. 22

214. vgl. Antons, K.: Praxis der Gruppendynamik. Übungen und Techniken. Göttingen 1976

215. vgl. Schwäbisch, L. / Siems, M.: Anleitung zum sozialen Lernen für Paare, Gruppen und Erzieher. Hamburg 1974

216. vgl.Gudjons, H.: Spielbuch Interaktionserziehung. Bad Heilbrunn/Obb. 1983

217. Lumma, K.: Strategien der Konfliktlösung. Eschweiler 1982

218. Deutsche Gesellschaft für Supervision e. V.

219. vgl. Küchler, J.: 1979, S. 94-95

220. vgl. Lumma, K.: Strategien der Konfliktlösung. Eschweiler 1982. S. 165 ff

221. vgl. Lumma, K.: 1982, S. 173

8 Literaturverzeichnis

Antons, K.: Praxis der Gruppendynamik. Übungen und Techniken. Göttingen 1976

Anweiler, O. / Hearnden, A.-G. (Hrsg.): Sekundarschulbildung und Hochschule. From secundary to Higher Education. Aus: Bildung und Erziehung. Beiheft 1. Köln, Wien 1983

Aronson, E. / Pines, A.-M./ Kafry, D.: Vom Überdruß zur Selbstentfaltung. Stuttgart 1983

Bach, G.: Psychoboom. Düsseldorf und Köln 1976

Bader, K.: Viel Frust und wenig Hilfe. Die Entmystifizierung Sozialer Arbeit. Weinheim und Basel 1985

Badry, E. / Knapp, R. / Stockinger, H.-G.: Arbeitshilfen für Studium und Praxis der Sozialarbeit und Sozialpädagogik. Heidelberg 1990

Baethge, M. / Teichler, U.: Bildungssystem und Beschäftigungssystem. In: Lenzen, D. (Hrsg.): Handbuch und Lexikon der Erziehung. Band 5. Organisation, Recht und Ökonomie des Bildungswesens. Stuttgart 1984

Bargel, T. / Bürmann, J.: Hochschulsozialisation und Studienreform. Erfahrungsberichte und Reflexionen über die Bedeutung des Sozialisationskonzeptes in der Hochschuldidaktik. Blickpunkt Hochschuldidaktik. Heft 44. Hamburg 1977

Bargel, T. / Framheim, G. / Huber, L. / Portele, G.: Sozialisation in der Hochschule. Beiträge für eine Auseinandersetzung zwischen Hochschuldidaktik und Sozialisationsforschung. Blickpunkt Hochschuldidaktik. Heft 37. Hamburg 1975, S. 75-79

Baron, R. / Brauns, H.-J. / Kramer, D.: Das Studium der Sozialarbeit und Sozialpädagogik in der Bundesrepublik Deutschland. In: Soziale Arbeit, Jhrg. 1985, Heft 4/5

Baron, R.: Eine "Unvollendete" in Variationen. Zur Entwicklung der sozialen Ausbildung. In: Soziale Arbeit, Jhrg. 1983, Heft 6, S. 261-270

Bayer, J. / Derks, I. / Klinski, G. / Rathschlag, A.: Ausbildungsprobleme in der Sozialarbeit? In: Neue Praxis, Jhrg. 1984, Heft 14, S. 67-78

Bebenburg v., M. / Lamnek, S.: Zur Situation Münchner Soziologen in Ausbildung und Beruf. München 1974

Becker, E.: Hochschule und Gesellschaft. Funktion der Hochschule und Reproduktionsprobleme der Gesellschaft. In: Huber, L.: Ausbildung und Sozialisation in der Hochschule. Stuttgart 1983

Bellermann, M. / Hüttl, H. / Meyer, R. / Schmidt, G. / Schrapper, Ch. / Volk, R.: Berufsorientierung im Studienverlauf. abschlussbericht des Forschungsprojektes Praxisorientierung der Fachhochschulausbildung zum Sozialarbeiter/Sozialpädagogen. Hannover 1988, Wissenschaftliche Informationsschriften der Arbeitsgemeinschaft für Erziehungshilfe (AFET) e.V. Bundesvereinigung, Heft 11

Berendt, H.-O. / Gralki, H.-O. / Hecht, H. / Hoefert, H.W. (Hrsg.): Hochschuldidaktik. Lehren und Lernen im Hochschulalltag. Salzburg 1979

Bittner, W.: Der Verlust der Seele. Ein Psychotherapeut analysiert die moderne Gesellschaft. Freiburg im Breisgau 1973

Bock, T. / Lowy, L.: Lehrplanentwicklung für Sozialarbeiter und Sozialpädagogen. Freiburg/Breisgau 1974

Bourdieu, P.: Entwurf einer Theorie der Praxis. Frankfurt/Main 1976

Brauns, H.-J.: Bemerkungen zur Qualität der Sozialarbeiterausbildung. In: Soziale Arbeit, Jhrg. 1982, Heft 10

Brinkmann, G. u. a.: Bildungsökonomik und Hochschulplanung. Literaturbericht über die Anwendung einer neuen Disziplin. Darmstadt 1976

Brinkmann, G. / Pippke, W. / Rippe, W.: Die Tätigkeitsfelder des höheren Verwaltungsdienstes. Opladen 1973

Brocher, T.: Gruppendynamik und Erwachsenenbildung. Weinheim 1976

Brunner, R.: Lehrertraining. Grundlagen - Verfahren - Ergebnisse. München und Basel 1976

Bude, H.: Was ist pädagogisches Handeln? In: Neue Praxis, 15. Jhrg. 1985, Heft 6, S. 527-532

Bundesassistentenkonferenz (BAK): Kreuznacher Hochschulkonzept. Reformziele der Bundesassistentenkonferenz. Beschlüsse der zweiten Vollversammlung in Bonn 10. und 11. 10. 1968. Bonn 1968.

Bundesminister für Bildung und Wissenschaft (Hrsg.): Hochschule - Studium - Berufsvorstellungen. Schriftenreihe Studien zu Bildung und Wissenschaft. Heft 50, Bonn 1987

Bundesvereinigung 1976: Entschließung der Bundesvereinigung der kommunalen Spitzenverbände zur Ausbildung der Sozialarbeiter. Der Landkreis 46/10, S. 174-179

Bürmann J.: Kritische Anmerkungen zum gegenwärtigen Interesse der Hochschuldidaktik an Problemen der Hochschulsozialisation. In: Bargel, T. / Framheim, G. / Huber, L. / Portele, G.: Sozialisation in der Hochschule. Beiträge für eine Auseinandersetzung zwischen Hochschuldidaktik und Sozialisationsforschung. Blickpunkt Hochschuldidaktik, Heft 37. Hamburg 1975, S. 59 f

Busch, D. / Hommerich, C.: Der akademische "Modellathlet": Tendenzen, Erwartungen, Widersprüche. In: Hochschulexpansion und Arbeitsmarkt. Problemstellungen und Forschungsperspektiven. Beiträge zur Arbeitsmarkt- und Berufsforschung. Nürnberg 1983, Heft 77

Busch, D.: Tätigkeitsfelder und Qualifikationen von Wirtschafts-, Sozial-, Ingenieur- und Naturwissenschaftlern. Frankfurt, New York 1981

Clement, W. / Tessaring, M. / Weisshuhn, G.: Zur Entwicklung der qualifikationsspezifischen Einkommenrelationen in der Bundesrepublik Deutschland. In: Mitt AB 13 (2), S. 184-212

Cramer, M.: Psychosoziale Arbeit. Stuttgart, Berlin, Köln, Mainz 1982

Curriculum-Arbeitsgruppe GHS Kassel (Hrsg.): Studienmodell für soziale Berufe. Neuwied und Berlin 1973

Dahrendorf, R.: Autonomie der Universität? In: Flitner, A. / Herrmann, U. (Hrsg.): Universität heute. Wem dient sie? Wer steuert sie? München 1977

Dantscher, R.: Arbeitsmaterial für Gruppenarbeit. Gelnhausen und Berlin 1975

Däumling, A.-M.: Sensitivity Training. In: Gruppenpsychotherapie und Gruppendynamik, Jhrg. 1968, Heft 2, S. 113-123

Däumling, A.-M.: Sensitivity Training. In: Heigl-Evers, A.: Gruppendynamik. Göttingen 1973, S. 7-24

Denifle, H.: Die Entstehung der Universitäten des Mittelalters. Berlin 1885, (1959)

Dewe, B. / Ferchhoff, W. / Peters, F. / Stüwe, G.: Professionalisierung - Kritik - Deutung. Soziale Dienste zwischen Verwissenschaftlichung und Wohlfahrtsstaatskrise. ISS-Materialien Heft 27. Institut für Sozialarbeit und Sozialpädagogik. Frankfurt/Main 1986

Dieterich, R. (Hrsg.): Pädagogische Handlungskompetenz zum Theorie-Praxis-Problem in der Erziehungswissenschaft. Paderborn, München, Wien, Zürich 1983

Dreier, W. (Hrsg.): Über Ziel und Methoden der Sozialarbeit. Ein Tagungsbericht. Schriftenreihe der Akademie für Jugendfragen, Band 4. Münster 1970

Eckstein, B.: Einmaleins der Hochschullehre. Praktische Einführung in die Grundlagen und Methoden. München 1978

Ehrhardt-Kramer, A. / Hanesch, W.: Innovation in der sozialen Arbeit - durch Innovation der Ausbildung? In: Maelicke, B. (Hrsg.): Soziale Arbeit als soziale Innovation - Veränderungsbedarf und Innovationsstrategien. Weinheim, München 1987, S. 101-109

Eyfert, H. / Otto, H.-U. / Thiersch, H. (Hrsg.): Handbuch zur Sozialarbeit/Sozialpädagogik. Studienausgabe. Neuwied, Darmstadt 1987

Fatzer, G. / Jansen, H.-H.: Die Gruppe als Methode. Weinheim und Basel 1980

Fatzer, G. / Eck, C.-D. (Hrsg.): Supervision und Beratung. Ein Handbuch. Köln 1990

Fengler, J.: Helfen macht müde. Zur Analyse und Bewältigung von Burnout und beruflicher Deformation. München 1991

Fesel, V. / Rose, B. / Simmel, M.: Sozialarbeit - ein deutscher Frauenberuf. Pfaffenweiler 1992

Fichte, J.-G.: Deduzierter Plan einer zu Berlin zu errichtenden Lehranstalt. In: Fichte H.-J. (Hrsg.): Fichtes gesammelte Werke. Band 8, ohne Ortsangabe, 1807

Fittkau, B. / Müller-Wolf, H.-M. / Schulz v.Thun, F.: Kommunizieren lernen (und umlernen). Braunschweig 1977

Francke, R. / Klüver, J. / Rieck, W. (Hrsg.): Krise des Studiums als Krise der Wissenschaften. Ergebnisse der Jahrestagung 1980 der AHD.Blickpunkt Hochschuldidaktik (AHD). Hamburg 1981.

Francke, R.: Ziele und Widerstände eines neuen Wissenschaftsbegriffs. In: Franke, R./ Klüver, J./ Rieck, W. (Hrsg.): Krise des Studiums als Krise der Wissenschaften. Ergebnisse der Jahrestagung 1980 der AHD. Blickpunkt Hochschuldidaktik. Heft 67. Hamburg 1981, S.188

Freudenberger, H.-J. / Richelson, G.: Ausgebrannt. Die Krise der Erfolgreichen - Gefahren erkennen und vermeiden. München 1980

Fritz, J.: Emanzipatorische Gruppendynamik. München, 1974

Gaiser, W. / Gugel, G.: Gruppendynamik in der Sozialarbeiterausbildung - Ein Anwendungsbeispiel von analytischer Selbsterfahrung. In: Neue Praxis, Jhrg.1981, Heft 11, S. 253-264

Garlichs, A.: Selbsterfahrung als Bildungsaufgabe der Schule. In: Zeitschrift für Pädagogik, Jhrg. 1985, Heft 4, S. 365-383

Gehrmann, G. / Müller, K.-D.: Praxisbezug an Fachhochschulen für Sozialarbeit/Sozialpädagogik. Kommentierende Darstellung empirischer Befunde. In: Neue Praxis 2/3 1985; S. 170-180

Gehrmann, G. / Müller, K.-D.: Quo vadis Sozialarbeit? Eine kritische Auseinandersetzung mit Entwicklungen in Praxis und Ausbildung. Weinheim und Basel 1981

Gehrmann, Gerd / Müller, K. D.: Praxisorientierung im Studium der Sozialarbeit/Sozialpädagogik. In: Soziale Arbeit, Jhrg. 1984, Heft 4, S. 201-207

Geißler, K.-A.: Berufserziehung und kritische Kompetenz. München 1974

Gernert, W.: Zur Aus- und Fortbildung von professionalisiertem Personal in Sozialberufen. In: Soziale Arbeit, Jhrg. 1989, Heft 6

Geulen, D.: Sozialisationstheorie. In: Eyfert, H. / Otto, H.-U. / Thiersch, H. (Hrsg.): Handbuch zur Sozialarbeit/Sozialpädagogik. Neuwied, Darmstadt 1987, S. 957-973

Gildemeister, R.: Als Helfer überleben. Neuwied 1983

Gniss, H.-P. / Hensel, S. / Ibert, G. / Wieler, J.: Weder Fisch noch Vogel. Der Übergang vom Studium zur Praxis - Gruppensupervision für Berufspraktikanten. Neue Praxis, Jhrg. 1980, Heft 2, S. 186-199

Goebel, U.: Flexibel und mobil: Wünsche von Großunternehmen an Hochschulabsolventen. In: Institut der deutschen Wirtschaft (Hrsg.): Streitsache Akademikerbedarf. Köln 1979

Goldbrunner, H. / Ehringhausen, B. / Gangfuhs, U.: Beratung sozial benachteiligter Familien in der Sozialarbeiter/Sozialpädagogenausbildung. In: Soziale Arbeit, Jhrg. 1988, Heft 3

Goldschmidt, D. / Teichler, U. / Webler, W.-D. (Hrsg.): Forschungsgegenstand Hochschule. Überblick und Trendbericht. Frankfurt, New York 1984

Goldschmidt, D.: Studium wozu? 15 Punkte zum Wandel von Hochschulen und Studium in Beziehung zum Beschäftigungssystem. In: Neue Sammlung, Heft 19

Goldschmidt. D.: Die gesellschaftliche Herausforderung der Universität. Historische Analysen, internationale Vergkeiche, globale Perspektiven. Weinheim 1991

Goll, D./Metzmacher, U./Sauer, P.: Die Ausbildung von Sozialarbeitern/Sozialpädagogen. Eine Darstellung aus der Sicht der Betroffenen. In: Sozialpädagogik, Jhrg. 1989, Heft 3, S. 106-113

Goll, D. / Metzmacher, U. / Sauer, P.: Sozialarbeiter zwischen Studium und Beruf. Berlin 1989

Göppner, H.-J.: Berufskompetenz, wahrgenommene Institutionsflexibilität, Berufsrolle. Ein Forschungsbericht zu Bewährungsproblemen von Sozialarbeitern/Sozialpädagogen. Weinheim 1988

Greshake, B.: Frauenbewegung und die Entstehung der Ausbildung für die soziale Arbeit. In. Jers, N. (Hrsg.): Soziale Arbeit gestern und morgen. Aachen 1991

Grosser, A.: Universität und Politik. In: Flitner, A. / Herrmann, U. (Hrsg.): Universität heute. Wem dient sie? Wer steuert sie? München 1977

Gudjons, H.: Spielbuch Interaktionserziehung. Bad Heilbrunn/Obb. 1983

Hamel, T. / Windisch, M. / Boscheinen, B. / Hubrich, B./Krause, B. / Leonhäuser, B.: Burnout in der Altenpflege. Erscheinungsformen und Bedingungen im Spiegel empirischer Untersuchungsergebnisse. In: Soziale Arbeit, Jhrg. 1991, Heft 7

Hanesch, W. (Hrsg.): Fachhochschule und Arbeitslosigkeit. Perspektiven für Arbeitsmarkt und Ausbildung in der sozialen Arbeit. Weinheim und München 1989

Hartung, D. / Nuthmann, R. / Parmentier, K. / Teichler, U. / Tessaring, M.: Aspekte der Studienreform I. Qualifikation Beruf Arbeitsmarkt. Blickpunkt Hochschuldidaktik. Hamburg 1979

Hartung, D. / Nuthmann, R.: Zur Problematik eines methodischen Ansatzes der "Ein- und Abgrenzung von Tätigkeitsfeldern". In: Hartung, G. / Neef, W. / Nuthmann, R.: Tätigkeitsfelder und Praxisbezug. Blickpunkt Hochschuldidaktik, Heft 34. Hamburg 1974

Herz, O. / Huber, L. / Walther, M.: Organisationsmodelle der Hochschuldidaktik. - Materialien und Ergebnisse eines Expertenseminars. Blickpunkt Hochschuldidaktik, Heft 9, Hamburg 1970

Hillmer, H. / Peters, R.-W. / Polke, M.: Studium und Beruf der Ingenieure. Düsseldorf 1977

Hinte, W. / Springer, W.: Personale Kompetenzen und professionelles Handeln. In: Neue Praxis, Jhrg. 1987, Heft 17, S. 545-555

Hinte, W.: Non-direktive Pädagogik. Eine Einführung in Grundlagen und Praxis des selbstbestimmten Lernens. Wiesbaden 1990

Holtkamp, R. / Teichler, U. (Hrsg.): Berufstätigkeit von Hochschulabsolventen. Forschungsergebnisse und Folgerungen für das Studium. Frankfurt, New York 1983

Huber, L. (Hrsg.): Ausbildung und Sozialisation in der Hochschule. In: Lenzen, D. (Hrsg.): Handbuch und Lexikon der Erziehung, Band 10. Stuttgart 1983

Huber, L.: Hochschuldidaktik als Theorie der Bildung und Ausbildung. In: Lenzen, D. (Hrsg.): Handbuch und Lexikon der Erziehung, Stuttgart 1983

Huber, L.: Hochschuldidaktik. In: Kritisches Lexikon der Erziehungswissenschaft und Bildungspolitik. Hrsg. Zeitschrift päd. extra. Frankfurt 1975, S. 171 ff

Huber, L.: Sozialisation in der Hochschule. In: Hurrelmann, K. / Ulich, D. (Hrsg.): Handbuch der Sozialisationsforschung. Weinheim und Basel 1982

Hüfner, K.: Der Forschungsansatz des Forschungsprojektschwerpunktes - Positionsbeschreibung. In: Freie Universität Berlin. Zentralinstitut für sozialwissenschaftliche Forschung. Forschungsprojektschwerpunkt "Ökonomische Theorie der Hochschule. Arbeitshefte. Symposium Hochschule im Spannungsfeld von externer Funktionalität und interner Rationalität. Heft 3, Berlin 1984

Hurrelmann, K. / Ulich, D.: Gegenstands- und Methodenfragen der Sozialisationsforschung. In: Hurrelmann, H. / Ulich, D. (Hrsg.): Neues Handbuch der Sozialisationsforschung. Weinheim und Basel 1991

Hurrelmann, K. / Ulich, D.: Handbuch der Sozialisationsforschung. Weinheim und Basel 1982

Jühe, H.: Berufssituation und Fortbildungsverhalten der Wirtschaftswissenschaftler. Stuttgart 1975

Jungblut, G. / Metz-Göckl, S. / Becker, E. / Bülow, M. / Klüver, J. / Krauss, H. / Bargel, T.: Erziehungs- und sozialwissenschaftliche Studienelemente in der Lehrerausbildung - Probleme der sozialen Und sozialwissenschaftlichen Qualifikationen unter den gegenwärtigen Rahmenbedingungen. In: Bargel, T ./ Bürmann, J. / Jungblut, G.: Hochschulsozialisation und Studienreform. Erfahrungsberichte und Reflexionen über die Bedeutung des Sozialisationskonzeptes in der Hochschuldidaktik. Blickpunkt Hochschuldidaktik (AHD), Hamburg 1977

Kaufmann, G.: Geschichte der deutschen Universitäten. Band 1 und 2. Stuttgart 1896

Kemmet, C. / Linke, H. / Wolf, R.: Studium und Berufschancen. Herford 1982

Kerkhoff, E. (Hrsg.): Handbuch Praxis der Sozialarbeit und Sozialpädagogik Bd.1 und Bd. 2. Düsseldorf 1981

Klapprott, J.: Berufliche Erwartungen und Ansprüche an Sozialarbeiter, Sozialpädagogen. Berufsbild, Arbeitsbedingungen und Arbeitsmarkttendenzen im Spiegel einer Befragung von Stellenanbietern. Weinheim 1987

Klapprott, J.: Gesucht: Persönlichkeit mit Diplom. In: Sozialmagazin, Jhrg. 1988, Heft 12, S. 24 f

Klapprott, J.: Zum Berufsbild der Sozialarbeit/Sozialpädagogik: Berufliche Anforderungen seitens der Anstellungsträger. Neue Praxis, Jhrg. 1984, Heft 14, S. 43-56

Klüsche, W.: Professionelle Helfer. Anforderungen und Selbstdeutungen: Analyse von Erwartungen und Bedingungen in Arbeitsfeldern der Sozialarbeit und Sozialpädagogik. Aachen 1990 (Schriften des Instituts für Beratung und Supervision, Bd. 5)

Klüver, J.: Universität und Wissenschaftssystem. Die Entstehung einer Institution durch gesellschaftliche Differenzierung. Frankfurt/Main und New York 1983

Knüppel, H. / Wilhelm, J.: Hochschuldidaktische Überlegungen zur Problematik von Studienanfängern. In: IZHD, Diskussionsbeiträge zur Ausbildungsforschung und Studienreform Nr. 1, Bielefeld 1984

Krapohl, L.: Erwachsenenbildung. Spontaneität und Planung. Aachen 1987

Krause, H. J.: Geschichte, Gegenwart und Zukunft sozialer Berufe. Schriftenreihe der Fachhochschule Düsseldorf Heft 1, Düsseldorf 1989

Kreutz, H. / Landwehr, R. / Wuggenig, U. (Hrsg.): Empirische Sozialarbeitsforschung. Sozialwissenschaftliche Grundlagen für die Praxis des Sozialarbeiters und Sozialpädagogen. Rheinstetten 1978

Kronen, H.: Sozialpädagogik. Geschichte und Bedeutung des Begriffs. Frankfurt/Main 1980

Küchler, J.: Gruppendynamische Verfahren in der Aus- und Weiterbildung. München 1979

Kühne, N.: Lerntheorie. In: Kritisches Lexikon der Erziehungswissenschaft und Bildungspolitik. Hamburg 1975

Kunow, J.: Die Ausbildung zum Sozialpädagogen. Ein empirischer Beitrag zu Fragen beruflicher Sozialisation. Weinsberg 1981

Landesarbeitsgemeinschaft der Öffentlichen und Freien Wohlfahrtspflege Nordrhein-Westfalen: Praxisorientierung - Konsequenzen für Lehre und Studium an der Fachhochschule. In: Neue Praxis, Jhrg. 1986,

v. Landsberg G.: Hochschule - Wirtschaft: Übergang und Berufsstart. In: UNI Berufswahlmagazin 4. 1980, S. 28-32

Lau, T. / Wolff, S.: Grenzen von Modellen sozialpädagogischer Kompetenz. In: Neue Praxis, Jhrg.1982, Heft 4

Lenzen, D. (Hrsg.): Handbuch und Lexikon der Erziehung, Band 10. Stuttgart 1983

Lenzen, D. (Hrsg.): Pädagogische Grundbegriffe. Bd. 1. Hamburg, 1989

Leube, K.: Praxisbezüge in der Ausbildung. In: Projektgruppe Soziale Berufe (Hrsg.): Sozialarbeit: Ausbildung und Qualifikation. Expertisen I. München 1981, S. 120-144

Lübbe, H.: Hochschulreform und Gegenaufklärung. Freiburg, Basel, Wien 1972

Lumma, K.: Strategien der Konfliktlösung. Eschweiler 1982

MacKenzie, N. / Eraut, M. / Jones, H.-C.: Lehren und Lernen. München 1973

Markus, E. / Volker, E.: Burnout bei Sozialarbeiter/innen im Raum Ravensburg. In: Die berufliche Sozialarbeit, Jhrg. 1991, Heft 4, S. 101-106

Martin, E.: Didaktik der sozialpädagogischen Arbeit. Eine Einführung in die Probleme und Möglichkeiten. Weinheim und München 1989

Maslach, Ch.: Das Problem des "Ausbrennens" bei professionellen Helfern. In: Wacker, E. / Neumann, J. (Hrsg.): Geistige Behinderung und soziales Leben. Frankfurt und New York 1985

Matthes, J.: Soziale Stereotype in der Fürsorge. In: Soziale Welt, 13. Jhrg. 1962, Heft 2, S. 139-153

Mayer, K.-U.: Sozialhistorische Materialien zum Verhältnis von Bildungs- und Beschäftigungssystem bei Frauen. In: Beck, U. / Hörning, K.-H. / Thomssen, W. (Hrsg.): Bildungsexpansion und betriebliche Beschäftigungspolitik. Beiträge zum 19. Deutschen Soziologentag Berlin 1979. Frankfurt 1980.

Mc Donald-Schlichting, U. / von Spiegel, H. (Hrsg.): Wissenschaftliche Ausbildung mit Praxisbezug?! Zur Veränderung der Fachhochschulstudiengänge Sozialwesen. Bielefeld 1990

Meulemann, H.: Soziale Herkunft und Schullaufbahn. Frankfurt, New York 1979

Mitscherlich, A.: Auf dem Weg zur vaterlosen Gesellschaft. München 1970

Mucchielli, R.: Gruppendynamik. Arbeitsbücher zur psychologischen Schulung. Salzburg o. J.

Müller, B.: Sozialpädagogisches Handeln. In: Eyfert, H ./ Otto, H.-U. / Thiersch, H. (Hrsg.): Handbuch zur Sozialarbeit/Sozialpädagogik. Studienausgabe. Neuwied, Darmstadt 1987, S. 1045-1059

Müller, B.: Zum Stellenwert von Konzepten sozialpädagogischer Handlungskompetenz. In: Neue Praxis, Jhrg. 1982, Heft 4

Müller, C.-W.: Wie helfen zum Beruf wurde. Eine Methodengeschichte der Sozialarbeit 1883-1945. Band 1, 2. überarb. u. erw. Aufl., Weinheim und Basel 1988

Neef, W.: Ingenieure. Entwicklung und Funktion einer Berufsgruppe. Köln 1982

Nieke, W.: Zum Begriff der pädagogischen Handlungskompetenz. Unveröffentliches Manuskript zur 2. wissenschaftlichen Arbeitstagung der Kommission Sozialpädagogik der DGfE. Bielefeld 1979

Nuthmann, R.: Annahmen zur Veränderung der Qualifikationsprozesse hochschulqualifizierter Arbeitskräfte und ihrer Verwertung im Beschäftigungssystem. In: Faltin, G. / Herz, U. (Hrsg.): Berufsforschung und Hochschuldidaktik II. Blickpunkt Hochschuldidaktik, Heft 33. Hamburg 1974

Nuthmann, R.: Bildungsexpansion, Berufs- und Qualifikationsentwicklungen. In: Teichler, U. (Hrsg.): Hochschule und Beruf. Problemlage und Aufgaben der Forschung. Frankfurt/Main, New York 1979

Offe, C.: Leistungsprinzip und industrielle Arbeit. Frankfurt/Main 1970

Oppl, H. / Tomaschek, A.: Soziale Arbeit 2000. Soziale Probleme und Handlungsflexibilität. Bd. 1 und Bd. 2. Freiburg im Breisgau 1986

Over, A.: Die deutschsprachige Forschung über Hochschulen in der Bundesrepublik Deutschland. Eine kommentierte Bibliographie 1965-1985. München, New York, London, Paris 1988

Paff, M. / Fuchs, G.: Bildung, Ungleichheit und Lebenseinkommen in der Bundesrepublik Deutschland. In: OECD (Hrsg.): Bildung, Ungleichheit und Lebenschancen. Frankfurt 1978

Paulsen, F.: Geschichte des gelehrten Unterrichts auf den deutschen Schulen und Universitäten vom Ausgang des Mittelalters bis zur Gegenwart. Band 1 und 2. Berlin, Leipzig 1885, (1919/21)

Petzold, H. / Frühmann,R. (Hrsg.): Modelle der Gruppe in Psychotherapie und psychosozialer Arbeit. Bd. 1 und Bd. 2, Paderborn 1986

Pfaffenberger, H.: Ausbildung, Studienreform und Arbeitsmarkt der Sozialpädagogik/Sozialarbeit. In: Theorie und Praxis der sozialen Arbeit, Jhrg. 1986, Heft 5, S. 162-174

Pfaffenberger, H.: Sozialpädagogik/Sozialarbeitswissenschaft als universitäre Disziplin. In: Nachrichtendienst des Deutschen Vereins für öffentliche und private Fürsorge, 53. Jhrg. 1974, Heft 7, S. 173-179

Pfaffenberger, H.: Thesen zur Situation der Ausbildung für Sozialpädagogik/Sozialarbeit. Theorie und Praxis der sozialen Arbeit. 32. Jhrg. 1981, Heft 6, S. 212-215

Pleines, J.-E. (Hrsg.): Bildungstheorien. Probleme und Positionen. Freiburg im Breisgau 1978

Plessner, H.: Zur Soziologie der modernen Forschung und ihrer Organisation in der deutschen Universität. In: Scheler, M. (Hrsg.): Versuche zu einer Soziologie des Wissens. München 1924, S. 407-425

Portele, G.: Intrinsische Motivation in der Hochschule. Eine empirische Untersuchung zum forschenden Lernen. In: Blickpunkt Hochschuldidaktik, Jhrg. 1970, Heft 12

Prahl, H.-W.: Sozialgeschichte des Hochschulwesens. München 1978

Prior, H.: Gruppendynamik in der Seminararbeit. In: Blickpunkt Hochschuldidaktik, Jhrg. 1970, Heft 11

Projektgruppe Soziale Berufe (Hrsg.): Sozialarbeit: Ausbildung und Qualifikation. München 1981

Projektgruppe Soziale Berufe (Hrsg.): Sozialarbeit: Professionalisierung und Arbeitsmarkt. München 1981

Proske, R. (Hrsg.): Psychologie, die uns angeht. Berlin 1976

Raiser, L.: Aufgaben der Universität im europäischen Vergleich. In: Flitner, A. / Herrmann, U. (Hrsg.): Universität heute. Wem dient sie? Wer steuert sie? München 1977, S. 245-265

Richter, H.-E.: Flüchten oder Standhalten. Reinbeck 1980

Richter, K.F. / Fallner, H.: Kreative Medien in der Supervision und psychosozialen Beratung. Minden 1989

Ridder, P.: Not und Hilfe: Sozialer Wandel personenbezogener Dienste. Vorlage zum 21. Deutschen Soziologentag. Bamberg 1982

Rogers, C.: Entwicklung der Persönlichkeit. Stuttgart 1973

Rogers, C.: Therapeut und Klient. Grundlagen der Gesprächspsychotherapie. München 1977

Rohde, B.: Sozialpädagogische Hochschulausbildung. Frankfurt/Main 1989

Roßrucker, K.: Arbeitszufriedenheit und ihre Folgen in helfenden Berufen. Frankfurt/Main 1990

Salomon, A.: Ausbildung weiblicher Beamten für die Wohlfahrtspflege. Schriften der Zentralstelle für Volkswohlfahrt, neue Folge. Berlin, Jhrg. 1919, Heft 14

Salomon, A.: Soziale Diagnose. Berlin 1926

Salomon, A.: Soziale Frauenbildung. Leipzig und Berlin 1908

Salustowicz, P. / Neuser, H. / Klinkmann, N.: Die Ausbildung in der sozialen Arbeit. Kritik und Perspektiven. Weinheim, Basel 1985

Sbandi, P.: Gruppenpsychologie. Einführung in die Wirklichkeit der Gruppendynamik aus sozialpsychologischer Sicht. München 1975

Schindler, G.: "Gesellschaftliche Anforderungen" am Beispiel der aktuellen hochschulpolitischen Diskussion. In: Freie Universität Berlin. Zentralinstitut für sozialwissenschaftliche Forschung. Forschungsprojektschwerpunkt "Ökonomische Theorie der Hochschule." Arbeitshefte. Symposium Hochschule im Spannungsfeld von externer Funktionalität und interner Rationalität. Heft 3, Berlin 1984

Schleiermacher, F.: Gelegentliche Gedanken über Universitäten in deutschem Sinn. In: Braun, O. (Hrsg.): Ausgewählte Schriften. Band IV, Leipzig 1910

Schmidbauer, W.: Selbsterfahrung in der Gruppe. München 1977

Schmidt, B.: Psychodrama - eine Hilfe für Studenten? In: Gruppenpsychotherapie/Gruppendynamik, Jhrg. 1986, Heft 21, S. 285-306

Schmidtbauer W.: Die hilflosen Helfer. Über die seelische Problematik der helfenden Berufe. Hamburg 1977

Schmidtbauer, W.: Helfen als Beruf. Die Wa(h)re Nächstenliebe. Reinbek bei Hamburg, überarb. und erw. Neuauflage, 1992

Schmidtbauer, W.: Sensitivitätstraining und analytische Gruppendynamik. München 1973

Schoch, J.: Burnout in Sozialpädagogik und Sozialarbeit. Eine strukturierte Kurzbibliographie. In: Sozialarbeit, Jhrg. 1990, Heft 11

Schwäbisch, L. / Siems, M.: Anleitung zum sozialen Lernen für Paare, Gruppen und Erzieher. Hamburg 1974

Simons, H.: Sozialisation durch die Hochschule. Auswirkungen hochschulspezifischer Bedingungen auf das Verhalten von Studenten. In: Blickpunkt Hochschuldidaktik, Heft 19, 1971, S. 1 f

Soziale und caritative Frauenschule des kath. Frauenbundes in Bayern: Bericht über die Jahre 1909/1918. München 1918

Spangenberg, K.: Chancen der Gruppenpädagogik. Gruppendynamische Modelle für Erziehung und Unterricht. Weinheim, Berlin, Basel 1969

Teichler, U.: Hochschule und Beschäftigungssystem. In: Lenzen, D. (Hrsg.): Handbuch und Lexikon der Erziehung. Band 10. Stuttgart 1983.

Tenorth, H.-E.: Lehrberuf Dilletantismus. Wie die Lehrprofession ihr Geschäft verstand: In: Luhmann, N. / Schorr, K.-E. (Hrsg.): Zwichen Intransparenz und Verstehen. Fragen an die Pädagogik. Frankfurt/Main 1986, S. 275-322

Thürnau, F.: Zur Ausbildung von Fachkräften im sozialen Bereich. Forderungen an eine Studienreform aus der Sicht der Arbeiterwohlfahrt. In: Theorie und Praxis der sozialen Arbeit, 1985

Tillmann, K.-J.: Sozialisationstheorien. Eine Einführung in den Zusammenhang von Gesellschaft, Institution und Subjektwerdung. Hamburg 1989

Trescher, H. G.: Gruppenanalytische Selbsterfahrung in der Ausbildung von PädagogikstudentInnen. In: Gruppenpsychotherapie, Gruppendynamik, Jhrg. 1989, Heft 24, S. 364-376

Turner, G.: Funktionalität aus der Sicht der Hochschule - Möglichkeiten und Grenzen extern bestimmter Aufgabenerfüllung. In: Freie Universität Berlin. Zentralinstitut für sozialwissenschaftliche Forschung. Forschungsprojektschwerpunkt "Ökonomische Theorie der Hochschule. Arbeitshefte. Symposium Hochschule im Spannungsfeld von externer Funktionalität und interner Rationalität. Heft 3, Berlin 1984

Ulke, K.-D. (Hrsg.): Ist Sozialarbeit lehrbar? Zum wechselseitigen Nutzen von Wissenschaft und Praxis. Freiburg im Breisgau 1988

Vopel, K.-W.: Gruppendynamische Experimente im Hochschulbereich. In: Blickpunkt Hochschuldidaktik, Jhrg. 1972, Heft 24

Wagemann, C.-H.: Qualifikation und Qualifikationsforschung. In: Teichler, U. (Hrsg.): Hochschule und Beruf. Problemlage und Aufgaben der Forschung. Frankfurt/Main, New York 1979

Wartenweiler, D.: Sozialarbeit - Seelenarbeit. Eine berufliche Herausforderung. Bern und Stuttgart 1989

Weber, D.-P.: Fachhochschulen für Sozialarbeit und Sozialpädagogik. Die Neuordnung der Höheren Fachschulen und fachbezogenen Akademien für Sozialarbeit und Sozialpädagogik im Hochschulbereich. Eine Analyse zur Situation. In: Soziale Arbeit, 20. Jhrg. 1971, Heft 2, S. 53-60; H. 5, S. 193-200

Webler, W.-D. / Wildt, J.: Die Konzeption einer Hochschuldidaktik als Ausbildungsforschung und wissenschaftlich fundierten Studienreform. In: Webler, W.-D. / Wildt J. (Hrsg.): Wissenschaft - Studium - Beruf. Blickpunkt Hochschuldidaktik, Heft 52. Hamburg 1979

Weinschenk, R.: Didaktik und Methodik für Sozialpädagogen. Bad Heilbrunn/Obb. 1976

Wellhöfer, P.: Und immer noch - das Helfersyndrom oder: Warum studiert man Sozialpädagogik. In: Sozialmagazin, Jhrg. 1988, Heft 12, S. 32

Weltmann, A.: Idee und Verwirklichung der sozialen Frauenschule des K.F.D. Berlin. Berlin 1918

Wendt, W.-R. (Hrsg.): Studium und Praxis der Sozialarbeit. Stuttgart 1985

Westmeyer, H.: Fragen zur Entwicklung der Berufsidentität in der Ausbildung des Sozialarbeiters. In: Sozialarbeit, Jhrg. 1981, Heft 2

Zeidler, R.: Rollenanalyse von Führungskräften der Wirtschaft. Dissertation. Nürnberg 1971.

Zeller, S.: Maria von Graimberg. 40 Jahre Sozialarbeiterinnenausbildung in Heidelberg. Freiburg im Breisgau 1989